保育園義務教育化

古市憲寿

装　丁　新上ヒロシ（ナルティス）
撮　影　加藤アラタ
スタイリスト　高橋毅（Jealousy）
赤ちゃん　佐藤一和　吉田昊
イラスト　古市憲寿

この本の読み方

基本的には、各章ごとに話題は完結しているので、どの章から読んでもらっても大丈夫です。

おすすめの読み方は次の通りです。

＊忙しいお母さんは「はじめに」、1章、2章、7章を読んでくれたら、
本書の主張が一番伝わると思います。

＊本当に忙しい人は、とにかく「はじめに」と7章だけを読めば
本書の、一番大事なポイントがわかるようになっています（忙しいのに読んでくれてありがとうございます）。

＊「少子化」や「日本経済」のことに関心があるおじさんは
2章、4章、6章から読んでもらうと、全体像が理解しやすいかも知れません。

＊教育問題に関心がある方には、2章の評判が僕の思っていた以上にいいです。

＊紙の本だけのお楽しみとして、左下に、パラパラまんがを描きました。
（デジタルで買ってくれた人、ごめんなさい。でも、その分ちょっとだけお安くなってます）

目次

第2章

第3章 「母性本能」なんて言葉、そもそも医学用語でもなければ根拠もない

はじめに

「お母さん」が「人間」だって気づいてますか？

親が人間だって何歳のとき気づいた？

好きで、よく人に聞いてしまう質問がある。

「親が人間だって何歳の時に気づきましたか？」というものだ。

親も人間であり、機嫌のいい時もあれば悪い時もある。子どもを褒めたり叱ったりするのも、いつもきっちりとした理由があるわけではない。起きたくない朝もあるだろうし、子育てが嫌になる時もあるだろう。

だけどこの質問をすると、たじろいでしまう人がいる。おそらく、「親」が「人間」かどうかなんてその時まで考えたこともなかったのだろう。

冷静に考えればわかることだが、こと「自分の親」、特に「お母さん」となると、その人も人間であることを忘れてしまいがちだ。

同じ人間であるはずの母親も、「お母さん」という名前が与えられた途端に、何を頼んでも聞いてくれる超人のような存在と錯覚されてしまう。

朝起こして欲しいと頼んだら、絶対に起こしてくれる。ちょっと遅れただけで子どもは文句を言う。普通の女性が、子どもを産んで「お母さん」になった途端、そんな聖母のような存在であることが求められるのだ。

さらに「お母さん」には一般の「人間」以上の規律が課される。

電車にベビーカーで乗れば白い目で見られる。新幹線や飛行機で子どもが泣くと嫌がられる。仕事を頑張ると「子どもがかわいそう」と言われる。小さな子どもを預けて旅行にでも行ったものなら鬼畜扱いを受ける。

「電車に乗る」ことも、「仕事を頑張る」ことも、「旅行をする」ことも、多くの人が権利だと意識することもなく、当たり前にしていることだ。

それなのに「お母さん」が同じことをすると社会の反応はまるで変わる。

「お母さん」になった途端、誰からも文句を言われないストライクゾーンが極度に狭まってしまう。日本の「お母さん」には基本的人権が認められていないようなのだ。

たとえば同じ親であっても「お父さん」であればこうはならない。僕の知人でも、子どもが産まれてから1ヶ月の間に数回しか赤ちゃんに会っていないという起業家がいた。し

かし、彼を咎める人は少ないだろう。むしろ「子どものために一生懸命働いて偉い」と評価されるのかも知れない。

なぜか一人の女性が子どもを産んで「お母さん」になった途端に、人間扱いされなくなってしまうのである。それはもしかしたら、この国の多くの人は「お母さん」が「人間」であることに未だ気づいていないせいかも知れない。

保育園に入れるための「一時離婚」

「お母さん」を人間扱いしてくれないこの国は今、子育てをしやすい状況にあるとはとても言えない。

僕の友人も「東京での子育てはまるで罰ゲームみたいだ」と言っていた。彼曰く、子どもを認可保育園に入れるのは至難の業、送り迎えは夫婦で分担しても大変、さらに出産準備期を含めて子育てには想像以上のお金がかかる。

それがまるで「罰ゲーム」のようだというのだ。

もっと驚くような事例がある。

子どもを保育園に入れるために一時離婚した夫婦までいるというのだ。認可保育園では、親が独身のほうが優先的に入所できることが多いからだ。

インターネット上では、ここまでして子どもを保育園に入れる親に対して「偽装離婚はひどい」「頭がおかしい」と批判の声も散見される。だけど、本当にひどくて頭がおかしいのは、ここまで待機児童問題を放置し続けてきた国のほうだ。

実は待機児童の問題は、もう20年以上も前から認識されていた。厚生省（当時）が待機児童問題の調査を始めたのが１９９４年のこと。その時すでに少なくとも2万６０００人の保育園に入れない子どもがいた。

その後、待機児童の数は増え続け、２０１４年で待機児童数は公式発表で４万３０００人だ。

しかし、この数は氷山の一角と言われている。子どもを持つ専業主婦の多くは「子どもを保育園に預けられれば働きたい」と考えているからだ。

専門家の試算によれば、**潜在的な待機児童数は少なくとも１００万人、中には３００万人以上**という推計もある。

日本には今、二つの大きな社会問題がある。少子化と労働力不足だ。

そんな時代に子どもを産んで（少子化解消の貢献）、なおかつ働きたいと思ってくれる（労働力不足に貢献）お母さんは、本来なら国が表彰してもいいくらいの存在だ。

それなのに現実に起きていることは完全に真逆。労働力不足と少子化解消に貢献しているはずの親たちは、地獄の保育園探しに苦しみ、苦肉の策として「一時離婚」という案をひねり出すと炎上する。

もう完全に異常だとしか思えない。

日本も実は「一人っ子政策」をしている

子育てをめぐる状況を聞けば聞くほど、実は日本も「一人っ子政策」をしていたのではないかと思えてくる。

高額な出産・育児費用。なかなか見つからない保育園。不足している育児支援の仕組み。子育てのしにくい労働環境。「お母さん」に対して異様に厳しい社会の目線……。

子どもを減らしたい国の政策だったら、惚れ惚れしちゃうくらいに完璧だ。

社会の制度も雰囲気も、笑ってしまうくらい子どもを持つ家族に厳しい。子育てに疲弊している親は僕の知人だけでも数え切れない。

日本は中国のように法律によって「一人っ子政策」をすることはなかった。しかし社会的には立派に「一人っ子政策」（下手したら「0人っ子政策」）をしているも同然なのだ。

もっとも、子育てとはそんな大変なことだけではないのだろう。

最近子どもが産まれた僕の友人も、「初めて他人に恋をした。人生にこんな楽しいことがあるなんて知らなかった」とうっとりしていた（パートナーには恋していなかったのか）。子どもを持った人の多くは、子どもを持つことの素晴らしさを語る。どう考えても人類なら誰でもできるだろうことに対して「うちの子どもはすごい！」と褒め称えたり、猿にしか見えない産まれたての赤ちゃんを「イケメン」と絶賛したりする。

そもそも、子育てが純粋な「罰ゲーム」で、かつ何らメリットのないことだったら、人類はどこかで滅んでいただろうから、それをただの苦行というつもりはない。

だけど現代日本の子育てをめぐる状況は、あまりにもおかしいことになっている。

国は「子ども・子育て本部」を作り、「少子化対策担当大臣」を任命し、何とか対策を立てようとしているらしい。しかし、一向に少子化が解決しないどころか、子育てをめぐる状況が良くなっているようにも思えない。

ピケティも心配する日本の少子化

もう誰も覚えていないと思うが、今年の初め、フランスの経済学者トマ・ピケティが日

本に来ていた。『21世紀の資本』という分厚くて高い本（5940円もする！）が世界で100万部を超すベストセラーになった経済学者だ。

来日時は一部のおじさんを中心にものすごい騒ぎが起こった。週刊誌は空港にカメラマンを待機させ、『AERA』や『週刊東洋経済』を始め、複数の雑誌の表紙を飾った。『週刊現代』なんて「ピケティ教授もびっくり！『21世紀の女性器』格差」という完全なる便乗特集を組んでいた。

そんなおじさんたちのアイドルであるピケティと僕も対談する機会があったのだが、印象的だったことがある。それは彼がしきりに、日本の少子化を気にしていたことだ。

日本は急激に少子高齢化が進んでおり、これは日本にとって危機的な事態だ。そのためには女性が働きやすい環境を整備したり、男性が長時間労働を改めて育児にもっと協力しないとならない、というのだ。

「なんでそんなこともやってないの？」という顔をして、「日本は女性だけが育児をするべきという規範が強すぎる」「このままじゃ日本の女性はますます子どもを産まなくなってしまうよ」「若い世代が子どもを持ちたくなるような政策を採用しなくちゃいけない」と熱く少子化の話をしてくれた。

そうしないと、**日本は「本当に極めて恐ろしいことになる」**というのだ。

実は、ピケティは来日中、僕との対談以外でも、折に触れて日本の少子化や育児の問題に触れていたのだが、多くのマスコミではそれについては軽く無視されていた。ニュースで触れられたのは、彼がアベノミクスや格差社会について言及した箇所が中心だった。

そう、このピケティの取り上げられ方自体が、今の日本社会を象徴していると思う。みんな少子高齢化が何となく問題だとは認識しながら、それで日本が「本当に極めて恐ろしいことになる」とは本気で思っていないようなのだ。

よく少子化の話題になると、「日本は狭いんだから人口が減ってもいい」という人がいる。確かに日本人の全世代が均一に消滅すればいいのだが、実際には人口減少の過程で高齢者が多く、若者が少ないという時代が訪れる（まさに今、そうなりつつある）。

そうなると、年金や社会保障の仕組みが立ちゆかなくなる。働く現役世代が減ると、そのぶん労働力も高くなるから、産業もどんどん海外へ逃げていく。さらに高齢者ほどお金を貯め込む傾向にあるから消費も冷え込む。

移民をいれればいいという人もいるが、ヨーロッパでは移民がうまく社会に溶け込めなくて様々な社会問題が起こっている。さらに、裕福な外国人が来てくれればいいが、貧しい移民が増えても消費者としての期待はできない。

確かに、アベノミクスの成否や格差社会の行方も大問題だ。だけど、少子高齢化で日本

はこのように「本当に極めて恐ろしいことになる」。「21世紀の女性器」と騒いでいる場合ではないのだ（いや、別にそれくらいはいいんだけど）。

子どもより猫が欲しい？

子どもができると、とにかくお金がかかる。時間もとられる。自分の生活リズムや仕事のスタイルも変えないとならないだろう。

僕のまわりを見ていても、子どもがいる夫婦よりもいない夫婦のほうが、お金にも余裕があり、豊かな暮らしをしているように見える。

そこまでして子どもを持ってからも、不安は尽きない。

泣き叫んだり、言うことをきかない時に絶対に虐待をしないと誓えるか？

もしも子どもが犯罪に巻き込まれたら？

もしくは加害者になってしまったら？

いま日本で、結婚をして子どもを持つという選択をすることは、とてつもなく重い決断のようだ。

こんなに子育てが大変なら、猫でも飼っていたほうが楽だし楽しいという気もしてくる。

猫育てには、それほどお金もかからないし、猫ならまず人を殺す心配もないし、旅行に行く時もペットホテルに預ければいい。

もちろん、ペットの飼育放棄も問題になっているが、子育てより猫育ての負担は比べものにならないくらい軽い。

実際、猫の飼育頭数は増加傾向にあり、ペットフード協会の調べによると全国で飼われている猫の数は１０００万匹に迫る勢いだという。少子高齢化なんてどこ吹く風だ。犬も合わせれば全国で約２０００万匹。15歳未満の子どもの数は１６１７万人だから、**子どもの数よりも猫と犬の数が多い**ことになる。

このまま人間の子どもが減って、猫ばかりが増えていく世界にはかなり魅力を感じるが、猫は大した労働力にはなってくれないし（ドアくらいしか開けてくれない）、そこまで消費を牽引してくれるわけでもない。

だけど、僕自身、猫は飼いたいと思うが、今の日本社会で進んで子どもを持とうとは思えない。少子高齢化が「本当に極めて恐ろしいことになる」とわかっていながら、間接的に少子化に荷担していたのだ。

「義務」と言われれば後ろめたさはなくなる

いくら少子高齢化が問題だとわかっていても、自分ではこの国で子どもを産み育てることにリアリティが持てない。

そんな時に、この本のテーマである「保育園義務教育化」というアイディアに出会った。文字通り、保育園（・幼稚園）を「義務教育」にしてしまえばいいという考えだ。

いっそ保育園を義務教育にして無料にしてしまえば、誰もが気軽に、安心して子どもを産めるようになるのではないだろうか。

「義務教育」ということになれば、国も本気で保育園を整備するから待機児童問題もなくなるだろうし、保育園があることが約束されていれば「うっかり」子どもを産んでしまいやすくなる。

「義務教育」だと、子どもを保育園に預けることに、後ろめたさを感じることもなくなる。「国が義務っていうから仕方なく保育園に行かせてるんだよね」と**「国」を理由に堂々と言い訳ができるようになる**からだ。

今は予定もない子どもに戦々恐々としている僕も、もし保育園が「義務教育」となって、誰もが簡単に子どもを預けられるようになったら、少しは気持ちが楽になるかも知れない。

もちろん「保育園義務教育化」が、乱暴なアイディアだということはわかっている。「保育園」は教育施設ではなく保育施設であるとか、専業主婦のお母さんから子どもを奪うつもりかとか、どこからそんなお金が出るんだとか、そんな批判が聞こえてきそうだ。

それらの疑問には本書の中で答えていくが、「保育園」でも「教育」に相当することは行われている。そもそも国の指針でも保育園は「養護」と「教育」を一体的に提供する施設だと定められている。

そして何よりも断っておきたいのは、「幼稚園」や「専業主婦のお母さん」を否定するつもりはないということだ。

世界で始まっている保育園義務教育化

この本では「義務教育」というのを柔軟な概念で捉えている。たとえば子どもを保育園に預けるのは毎日でもいいし、週に1度1時間だけでもいいと思っている。

専業主婦の人でも、定期的に自分の時間を持ちたいと思うこともあるだろう。現在も一時保育などの制度は始まってはいるが、それをもっと柔軟に誰もが利用しやすくしたほう

がいいと思っている。

児童虐待死の8割は、子どもが3歳の時までに起こっている。子育て経験のある人はよく、「子どもに手をあげてしまう気持ちがわかる」という。誰にも相談できない、孤立した育児は、こうした最悪の事件を招いてしまう可能性がある。

また虐待死までいかなくても、専業主婦の人には育児不安が多いというデータもある。昔のように、地域や家族に無条件に育児を頼れない時代だ。バリバリと働く女性以外にも、保育園が必要なのである。

実は、義務教育の早期化は世界的な潮流だ。

フランスでは3歳からの義務教育化が真剣に検討されているし、ハンガリーでは2014年から3歳からの義務教育が始まった。「保育園義務教育化」は世界的に見れば突飛なアイディアでもないのだ。

アメリカでさえも、オバマ大統領が誰もが就学前教育を受けられる環境を整えることが急務だと訴えている。

「保育園義務教育化」は世界的にブームの兆しが来ていると言ってもいい。

おうち保育園の誕生

保育園の質を心配する人がいるかも知れない。

最近では「保育崩壊」と言われることもあるように、保育の現場では質の低下が問題になっている。無理やり保育園の数だけ増やしても、悲惨な子どもが増えてしまうだけかも知れない。だから保育園の質の向上ももちろん重要だ。

また、保育園を増やすことに対して「ハコモノをこれ以上作るのか」とか「都心部には保育園を建てる土地はない」といった批判をする人がいるかも知れない。

実はそういった批判に応える、画期的な試みが始まっているのだ。

暑苦しいことで有名な社会起業家の駒崎弘樹さんたちが中心に進めている小規模保育（「おうち保育園」）だ。

かつては認可保育園を作るためには「子どもの定員数は20人以上」という決まりがあった。しかし駒崎さんの働きかけで、「子ども9名に対して保育者3名」といった小規模保育園は、国も認めるところとなった。

2015年4月に施行された法律によって「小規模認可保育所」が誕生したのである。

別名「おうち保育園」と呼ばれるように、小規模保育所はマンションやビルの一室に設けられることが多い。一般の保育園のように園庭などはない。

「園庭がない保育所」と聞くと悲惨なイメージが浮かぶが、「信頼できる保育士さんの家に子どもを預ける」と思えばいい。事実、「アットホームで手厚い保育を受けられた」と利用者の満足度も高いという。

このような小規模保育所は、人口が減りすぎて、保育園自体が閉鎖されてしまうような地方でも活躍できる。家でもできるし移転も簡単だ。

そう、「保育園義務教育化」といったところで、何も大きな保育園ばかりを作る必要はないのだ。

ちなみにこの本では「保育園」という言葉も広い意味で使っている。日本では法律上「幼稚園」と「保育所」という言葉が用いられているが、最近では共に「教育」を提供していたりどんどん差がなくなってきている。

だから本書の「保育園」とは、小学校に入学する前の「公的な就学前教育」という意味だと思って欲しい。別に保育所と幼稚園のどちらが優れているかという議論をするつもりもない。

郵 便 は が き

切手を
貼って
ください

101-8021

123

(受取人)
神田郵便局郵便私書箱8号
小学館 第一コミック局 Cheese!
『保育園義務教育化』
愛読者係行

(フリガナ)	男・女	生年月日
ご芳名		明・大 昭・平 年 月 日

郵便番号□□□-□□□□ お電話 ( )

ご住所

ファックス ( ) 携帯電話 ( )

E-mailアドレス

■ご職業 1.学生〔小学・中学・高校・大学(院)・専門学校〕 2.会社員・公務員 3.会社・団体役員 4.教師(
5.自営業 6.医師 7.看護師 8.自由業( ) 9.主婦 10.無職 11.その他(

■ご関心のある読書分野 1.日本美術(絵画・浮世絵・陶芸・城郭・彫刻・庭園) 2.東洋美術 3.西洋美術
4.写真 5.書道 6.茶道 7.華道 8.園芸 9.料理 10.旅行 11.音楽(クラシック・ポピュラー) 12.文学
13.歴史 14.建築 15.科学 16.宗教 17.その他(

■小社PR誌『本の窓』を1部、見本として送付いたします。ご希望の方は○をつけてください。 ・希望す

小学館では、お客様のご了解を得た上で、ご記入いただいた情報をご愛読者名簿として登録させていただいております。名簿は、小学館(および関係会社)の企画などのご案内、アンケートご協力のお願いなどのために利用し、そのほかの目的では利用いたしません。

ご愛読者名簿に登録してもよろしいですか? □はい □いいえ

※登録情報の変更・削除・お問い合わせはこちら→(電話番号03-5281-3555 メールアドレスinfo@shogakukan.co.jp

お手数ですが裏面もお書きくださ

『保育園義務教育化』愛読者はがき

このたびは僕の本をお買い求めいただきありがとうございます!! せっかくなのでこの文章は手書きにしてみました。

もしよければ本の感想を送ってもらえるととても嬉しいです。

① この本を何で知りましたか?

② 好きな箇所やページがあれば教えてください!

③ 感想、著者へのメッセージなど何でも自由にどうぞ!

「これは!」という感想は宣伝などで使わせていただく場合があるかもしれません。小学館がお礼をくれるかは、わかりません。

古市憲寿

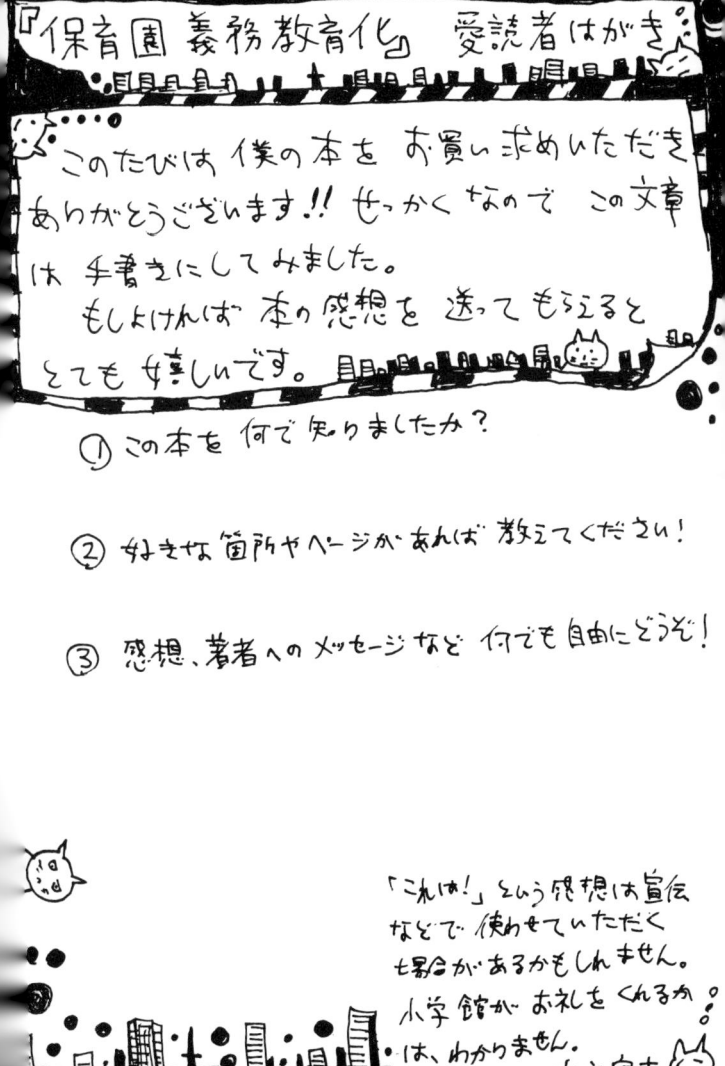

日本全体の「レベル」を上げる

保育園義務教育化は、少子化対策にだけ意味があるのではない。

実は、**日本全体にとって非常に重要な「未来への投資」**という意味もあるのだ。そしてこの点のほうが僕は大事だと思っている。

2章で詳しく見ていくように、実は子どもを教育するなら早ければ早いほうがいいということが明らかになっている。乳幼児期の教育は、子どもの学習意欲を高め、結果的にその後の進学率や平均所得を高めるという研究が多く発表されている。

乳幼児期の教育が大切というのは、きっと多くの人が直感的にも理解していることだと思う。事実、街にはたくさんの幼児教室があるし、書店に行けば膨大な数の幼児教育に関する書籍や雑誌が並んでいる。

そこでは知育玩具が大事とか、平均台やボール遊びをしなさいとか、鉄分や不飽和脂肪酸を欠かしてはいけないとか、無数の「0歳からすべきこと」がささやかれる。

全国の親たちは、子どもを賢く、そして健康にするために必死だ。

確かに自分の子どもの「レベル」を上げることも大事ではある。

だけど、せっかくなら自分の子どもだけではなく、この国に住むすべての人の「レベル」が上がったほうがいいと思わないだろうか。

そうすれば、自分の子どもが付き合う友人や仲間の「レベル」も上がり、結果的に自分の子どもの「レベル」も上がりやすくなる。

貧困と犯罪には関係があることがわかっている。もちろん、貧しい環境で育った人が全員犯罪者になるわけではない。だけど、子どもの頃にきちんとした教育を受けられずに罪を犯してしまう人も多い。

乳幼児期から全国民に対して、一定程度以上の教育をすることは、この国を豊かで安全にすることにもつながるのだ。

子どもを安心して育てられる国へ

僕は今年、30歳になった。今のところ結婚をする予定も、子どもを持つ予定もない。その意味でこの本は育児をする「当事者」が書いたものではない。

だけど、まだ結婚や子どもを持つことに踏み切れない多くの人間という意味での「当事者」ではあるし、**保育や少子化は何も子どもを持っている人だけの問題ではない**。子どもが産まれない国は、いつか亡びる。

今、日本は本当なら第三次ベビーブームが起こっているはずの時期だった。日本で団塊の世代（ビートたけしさんや平野レミさん世代）の次に人口の多い団塊ジュニア世代（ＳＭＡＰ世代）が、ちょうど出産適齢期を迎えていたからだ。

しかし、依然少子化は解決しないし、このままでは出産できる年齢の女性は減っていく一方である。現在の政権は少子化に対して「第三子支援」や「3年間赤ちゃん抱っこし放題」などの提案をしているが、そんなのんびりしたことを言っている場合ではない。

僕は何も、誰も彼もが子どもを産めと言っているのではない。

結婚するのか、しないのか。

子どもを持つのか、持たないのか。

それは個人の自由だ。だけど、今よりもう少し、「子どもを持ちたい」という人の希望が叶いやすくなる社会になるといい。

この本は、「こんな社会になっていたら安心して子どもを産める」という希望とともに書いた。実際に子育てをしている人にも、「こんな考え方もあるんだ」とか「こうなったらいいな」とか思ってもらえるような本になっていたら嬉しい。

1章 「お母さん」を大事にしない国で赤ちゃんが増えるわけない

この国では、「お母さん」が日々取り締まられている。子どもが泣いた時は「すべて私が悪い」と謝罪することが求められ、ベビーシッターを使おうとすると「母性がないのか」と糾弾される。

そしてこの国は、「子ども」を大事にするあまり「お母さん」のことを心配しない国だ。たとえば未だに子どもが3歳まではお母さんが育てるべきだという「三歳児神話」を信じている人がいる。

しかし、その神話は文部科学省が公式に否定している上に、専業主婦など、外部との交流がないお母さんほど育児不安になる割合が高いことがわかっている。また虐待死の多くも、子どもが3歳の時までに起きている。

「子ども」によかれと「お母さん」に対して強制していることが、実は必要以上にお母さんを苦しめているかも知れないのだ。「母乳教」もその一つだ。

それなのに、日本では父親の育児参加が世界的に見て、非常に少ない。育児の負担が過剰に「お母さん」一人に集中しているのだ。

この章では、現代日本における「お母さん」をめぐる異様な状況を見ていこう。

「最高のお母さん」や「毒親」になるとき

ダウンタウンの松本人志さんがツイッターでつぶやいた一言が話題になった。

松本さんが、新幹線に乗った時、どうやら近くで子どもが騒いでいたらしいのだ。それに対して松本さんは、子どもに罪はないが、親には問題があるのではないかと、次のようなツイートをした。

新幹線で子供がうるさい。。。
子供に罪はなし。
親のおろおろ感なしに罪あり。。。

確かに松本さんの気持ちも想像できる。特に仕事で疲れて新幹線で寝ようとしている時

だったら、子どもの泣き声がうるさく感じる時もあるだろう。その時、親が堂々としていることに苛立つ場合だってあるかも知れない。

松本さんが出演する『ワイドナショー』という番組でも、このツイッターが話題になったことがある。僕が抱いた感想は「親と子どもは違う個体だから、仕方がないんじゃないか」というものだった。

日本では、子どもが小さい時には「悪いのはすべて私です」とオロオロするお母さんが好まれる。一方で、僕のように「子どもと自分は違う個体なんで」と堂々としている親は批判の対象になる。

つまり、母親と子どもが「一体」であることが求められているのだ。子どもが泣くのも、全部母親のせい。それはすべて母親が何とかすべきこと。子どもは母親の力で何とかできる。そんな風に信じているお母さんが「よき母親」とされるのだ。

だけど不思議なのは、そういったお母さんは、子どもがある年齢を超えると「毒親」扱いされてしまうことだ。高校生になっても、子どものすべてを支配しようとすれば、子どもからも社会からも「気持ち悪い」と言われてしまうだろう。

子どもの時に**100点だったお母さんが**、**「毒親」や「モラ母」扱い**されてしまうのだ。これってとっても不幸なことではないだろうか。

だったら、初めから「親と子どもは違う個体」という意識を徹底させ、「お母さん」と「子ども」を切り分けてあげたほうがいいと思う。

「ベビーシッター」を使ったらダメですか

人気ファッションモデルの道端アンジェリカさんが炎上した。彼女の結婚観に対してネット上で批判が殺到したのだ。

道端アンジェリカさんは日本テレビ系『解決！ナイナイアンサー』に出演、座談会形式で理想の結婚について語った。

そこで彼女は結婚しても「一週間に一回は男と女に戻りたい」と言い、子どもができたらどうするのという問いに「私は絶対ベビーシッターさん」と答えたのだ。

「結婚して子どもができても一週間に一回は預けたい」と言い、夫婦の時間を大切にしたいということらしい。特に夜は旦那と二人きりで過ごしたい。そんな時も「ベビーシッターさんに寝かしつけてもらうのが理想」と答えている。

他にも結婚相手に求める年収は5000万円など、素直な意見が続く座談会だったのだが、一番問題視されたのは、彼女が無邪気に「ベビーシッターを使う」と発言していた箇

所だった。

番組放送後、ツイッターなどでは「育児をなめている」「こういう奴が子どもを産んだらダメ」「ベビーシッターを使うなんて子どもがかわいそう」「お母さんになって欲しくない」といった意見が飛び交った。

確かにアンジェリカさんが炎上しやすいキャラということはあったかも知れない。だけど何も彼女は、育児放棄をしようというのではない。番組では、夜に二人で過ごすために昼間は子どもと精一杯遊び、子どもが寝やすくなるようにするとも発言している。それでも「子どもを誰かに預ける」という一点において糾弾されてしまったのだ。

ちなみに、出生率が高く、子どもを育てやすい国として知られている**フランスでは、ベビーシッターを使うことは当たり前**で、国から補助金も出る。実際、3歳未満の子どもの約2割は、主にベビーシッターが面倒を見ているという。

ベビーシッターの利用が「経費」としてさえも認められない日本とは大違いだ。

それにしても、僕もよく炎上するが、さすがに「ベビーシッターを使いたい」と言ったくらいでは、ここまでの騒動にはならないと思う。おそらく「お母さん」と「お母さん」予備軍には、通常よりも厳しい監視の目が向けられているのだ。

本当は「お母さん」を心配していない日本

２０１４年に子どもを出産したモデルの山田優さんも不幸な炎上に巻き込まれた。まだ妊娠中だった山田さんが、インスタグラムに金髪のベリーショートにした姿を公開した時のことだ。出産と育児に備えて、ロングだった髪をばっさりと切ったのだという。

　これもまた炎上した。

「ヘアカラーは妊婦によくない」「妊娠中に金髪なんて信じられない」という意見がネット上で多く寄せられたのだ。何でもパーマ液が毛穴を通じて赤ちゃんへ届くのではないかという理屈らしい。

　しかし医学的には妊娠中のヘアカラーが胎児に悪影響を及ぼすというデータはないようだ。専門家にも話を聞いてみたいと思って、『とくダネ！』のコメンテーターとして一緒になる産婦人科医の宋美玄さんにも話を聞いてみた。

　宋さんといえば、『女医が教える本当に気持ちのいいセックス』の著者として有名（だけど最近は第二子を妊娠したこともあり、セックスに詳しいキャラを変えようとしているらしい）。

結論からいえば「そんなの心配ない。何でも文句つけたい人がいるんだよ」とのことだった。

宋さん曰く、「お母さん」に厳しい目線が向けられる一方で、実は「お母さん」本人のことを真剣には心配していないのが日本社会だという。特に、産後ケアの重要性があまりにも認知されていないというのだ。

実際、数多くの育児ノウハウはあふれているのに、**子どもを産んだ「お母さん」の身体に対して日本はあまりにも無頓着**だ。

お腹の大きい妊婦さんのことは周囲もすごく大事にするくせに、赤ちゃんが産まれた途端、みんなそっちに夢中。赤ちゃんを産んだ「お母さん」のことにまで目がいかなくなってしまうのだ。

産後ケアはとっても大事

だけど、出産は母体に大きなダメージを与える。宋さん自身も、「出産後の身体は本当にガタガタだった」という。

骨盤底筋群が痛んだり、骨盤そのものが緩んでしまうこともある。なので本来はできるだけ直立歩行をしないで1ヶ月くらいは安静にしていたほうがいいという。産後の早いうちから力仕事などをすると、最悪の場合、子宮脱になってしまうこともある。

今年、イギリスのキャサリン妃も第二子を出産後、翌日には病院から住まいのケンジントン宮殿に戻った。キャサリン妃のように身の回りのことをケアしてくれる人がいればいつ退院してもいいのだろうが、全ての人がそういうわけにはいかない。

日本には里帰り出産という習慣がある。

僕の友人たちも、出産後は実家に戻り、自分の親に1ヶ月くらいは育児を手伝ってもらうという人が多かった。自分の肉親で、しかも育児経験もあるということで、安心して一緒に赤ちゃんを育てることができるシステムだ。

しかし誰もが実家に頼れるわけではない。実家との関係が良好でない人もいるだろうし、親が働いていて忙しい場合もあるだろう。

そんな場合、**「お母さん」たちは途端に孤独**になってしまう可能性がある。なぜなら、日本の育児は、家族がいて初めて何とかなるようになっているからだ。

しかも男性の育児休暇取得率は約2％。それも、せいぜい数日程度。親に頼れない「お母さん」たちは、一番不安な時期の育児を、たった一人でしないとならない。

本当に「お母さん」のことを考えるなら、ベビーカーや金髪に目くじらを立てていても

全く意味がないのだ。

赤ちゃんを持つことの不安と重さ

僕の友人に、最近ママになったファッションエディターの小脇美里さんという人がいる。彼女は育児を「じゃあよろしくねと、答えのない無理難題を与え続けられるようなもの」と表現していた。

生後まもない赤ちゃんは常に死の危険性があり、命をずっと預かるというプレッシャーははかりしれない。だから一瞬たりとも目が離せない。

育児には体力も知恵もかなり必要。周りの人は「かわいいでしょ、幸せでしょ」とは言ってくれるけど、その重みまでは背負ってくれない。

小脇さん自身は子どもが欲しいと強く望んでいたので、そのような「重み」に耐えられるという。だけど、誰もが覚悟と自覚を持って子どもを産むわけではない。

だから、本当はその「重み」を社会で分け合うことが必要なのではないだろうか。

僕が思ったのは、**現代の育児というのは、相当の「情報強者」か「経済強者」でないと務まらない**ということだ。「赤ちゃんに何を食べさせたらいいのか」「子どもに黄疸が出たらどうしたらいいのか」「どこの保育園に入れるのがいいのか」など、無数の育児情報が世の中に溢れている。

親はその中から自分の子どもに最適そうなものを選ばなくてはならない。

その上、出産・育児にはお金がかかる。いくら出産育児一時金があるとはいえ、ほとんどの場合は妊婦健診、出産費用などには、10万円から数十万円の持ち出しが出てしまう。

さらにベビーカーやベビーベッドなどマタニティ用品にも平均10万円前後のお金がかかる。その後もオムツ代、粉ミルク代だけで毎月1万円以上の出費が出る。

しかも、都心にはオムツを売っているコンビニが少ない。ドラッグストアにさえも置いていないことがある（これを知らない独身者は以外と多い）。

それで結局「Ａｍａｚｏｎファミリー」に頼る人が多いようだ。実質年会費が無料で、オムツとおしりふきはいつでも15％オフ、それを最短当日に無料配送してくれる。

オムツと粉ミルクくらい国が送ってくれてもよさそうなものだが、なぜかアメリカ企業が都心のママの子育てを支えているのである。

日本で親になる条件

今の日本で親になるには、ある程度のお金があり、教養があることが前提とされている。それを象徴するのが、養子縁組をする時の養親に求められる基準だ。斡旋する団体によって条件は違うのだが、だいたい次のような要件を満たすことが求められている。

・25歳から45歳までの婚姻届を出している夫婦
・離婚の可能性がなさそうなこと
・健康で安定した収入があること
・育児をするのに十分な広さの家であること
・共働きの場合、一定期間は夫妻のどちらかが家で育児に専念できること

養子縁組には統一基準があるわけではないが、おおむね絵に描いたような「幸せな家族」であることが要求されるようだ。

ちなみに戸籍上も親子となる養子縁組と違い、子どもを一時的に預かるという形の里親

になる時も、厳しい条件が課されている。

たとえば東京都では、「居室が2室10畳以上」などを求めている。そして保育士資格を持つなどの場合をのぞいて、夫婦にしか里親を認めていない。

つまり、一人で働く女性は、基本的にはいくら収入があったところで、日本では養子縁組はおろか、里親になることもできないのだ。

この養子縁組の条件は、日本で「親に求められていること」の集大成のようだ。夫婦円満で、子どもが小さい時は母親が一緒にいて、父親が安定した職業に就いていること。もうすでに過去のものになりつつある「昭和の家族」だ。

もちろん、子どもが「幸せな家族」の一員として育つことは重要だ。だけど、日本でも多くのシングルマザーやシングルファザーがいる。そして社会のサポートをしっかりさせれば、十分に一人でも子どもを育てることはできるはずだ。

それなのに今の日本社会は、未だにこの「昭和の家族」をもとに、様々な制度が設計されている。

産まれてすぐ殺されてしまう赤ちゃんがいる。生後1ヶ月未満で亡くなった子どもの加害者は、実に91%が「実母」だったという。だけどもし、**出産・育児にお金がかからず、社会が子どもを育てる仕組みがあったら、救われた命も多かった**だろう。

「昭和の家族」を前提にした仕組みが、実は赤ちゃんの命を奪っているのかも知れない。

スパルタすぎる「母乳教」

この本のために調べていて驚いたことはいくつもあるのだが、その一つは「母乳教」の存在だ。何でも今、日本では母乳全盛の時代を迎えているのだという。

確かに厚生労働省のガイドラインでも、母乳育児は赤ちゃんを病気から守る免疫力を高めるといったデータが紹介されている。また妊娠中の約4割の女性が「ぜひ母乳で育てたい」、約5割が「母乳が出れば母乳で育てたい」と答えているというデータもある。

なので、お母さんがそれを望む場合、母乳育児のできる環境を整えることはとても大事だと思う。哺乳瓶や消毒キットを買わなくていいなら、経済的な負担も少ないし、移動時の荷物も少なくて済む。

だけど、「母乳のほうがいい」という考えが一歩進んで、どうやら今「母乳教」とも呼ぶべき思想が一部で広がっているようなのだ。

母乳教の熱心な信者たちは、「完全母乳育児」にこだわる。母乳で育てないと母子間に愛情は生まれない。だから初乳から卒乳まで一滴も粉ミルクを与えず、完全に母乳だけで育てるのが正しい、といった考え方のことだ。

え？　本当にそうなの？

また産婦人科医の宋さんに聞いてみた。

宋さんも、お母さんが望む場合はできるだけ母乳保育を勧めてきたという。しかし、実際には母乳がどうしても出ない人もたくさんいる。

事実、厚生労働省の「乳幼児栄養調査」でも、子どもが1ヶ月の時点でさえ完全母乳保育ができている人は42・4％に過ぎなかったという。

52・5％の人は母乳と粉ミルクなどを併用している。また、粉ミルクなど人工栄養だけを使っている人も5・1％いた。

子どもが6ヶ月になった時点では、完全母乳保育の人は34・7％しかいない。つまり、多くの人が何らかの事情で「完全母乳育児」ができていないのだ。

宋さんのもとには、「母乳が出ない」「母乳じゃないとダメなんですか」という相談が多く寄せられるという。宋さんの答えは、**「そこまで悩む必要はない」**というものだ。

粉ミルクで育った子どもが発育不全になったというデータはないし、実際これまで多くの日本人が粉ミルクを使って育てられてきた。だけど、粉ミルクで育った世代がバタバタ死んでいるという話はちっとも聞かない（むしろ元気すぎて困る人も多い）。

またNHKの報道によれば、母乳は粉ミルクに比べるとビタミンDが少ないことがわかっており、母乳だけで育てられた赤ちゃんは、足などの骨が曲がってしまう「くる病」になる危険性があるとも報告されている。

完全母乳は完全母乳で、また問題があるようなのだ。

「お母さん」は寝なくていいの？

「母乳教」の人は、とにかく完全母乳保育を勧める。

たとえば母乳を勧めるある団体は「乳首が切れて痛み、授乳がつらいのです」という悩みに対して「おっぱいはやめずに続けましょう」「赤ちゃんが飲んでいるうちに多くの場合は治ります」とスパルタ指導をしている。

恐い!! 母乳って、こんなに苦労してあげないといけなかったのか。

完全母乳育児は、もしかしてお母さんに過剰な負担をかけているのかも知れない。

産まれた赤ちゃんは3時間おきに泣く。子どもが泣くたびに母乳をあげていたら、お母さんは一体いつ眠るのだろう。

結論からいうと、出産直後のお母さんは、大して寝られていないらしいのだ。3時間おきに泣くから、そのたびに母乳をあげる。1時間くらいかけて赤ちゃんを寝かしつけると、今度はまた2時間くらいして泣き出す。

こんな感じで、お母さんはまとまった時間、眠ることができないのだ。

僕の友人も、赤ちゃんが産まれてすぐは、「1週間で5時間しか眠れなかったし、連続して1時間以上寝られなかった」と言っていた。

最近、父親の育児参加の重要性が叫ばれているが、完全母乳育児にこだわる限り、赤ちゃんが小さいうちには「お父さん」の出番がなくなってしまう。

粉ミルクであれば、お父さんや親族など、お母さん以外の人も赤ちゃんにあげることができる。たとえば、昼間はお母さんが母乳をあげるとして、夜はお父さんや家族が粉ミルクをあげるといった分担ができたらどうだろう。

少しでもお母さんの負担が減るのではないだろうか。

そして何より、お父さんも子どもと関わり続けないと、子どものお父さんに対する愛着が育たない。完全母乳育児はお母さんと子どもの関係ばかりを強調するが、子育てはお母さんだけがするものではない。

お父さんに「出番」を与えるためにも、粉ミルクは必要だと思う。

日本では1970年頃までは、粉ミルクのほうが母乳よりも素晴らしいものだと信じら

れ、その利用率も高かった。その頃の粉ミルクは栄養的に明らかに母乳に劣っていたり、問題も多かった。だから、「母乳教」の人の言い分もわかる。

だけど、現在は母乳に極めて近い成分の粉ミルクが開発され、母乳だけで育った子どもとほぼ同じ発育をすることが確認されたミルクも発売されている。

別に僕も「誰もが100%粉ミルクで育児をするべきだ」とは思わない。

だけど、「母乳が一番素晴らしい」という思想は、母乳が出ないお母さんを苦しめることにつながっていないだろうか。「母乳教」は、ただでさえ出産後で身体がボロボロになっているお母さんを、さらに傷つけてしまっていないだろうか。

「子どものため」を謳う「母乳教」は、もしかして必要以上にお母さんを追い詰めているかも知れないのだ。

育児の世界も両論併記をすればいいのに

「母乳教」をはじめ、育児の世界にはとにかく0か100かの戦いが多い。

漫画家の東村アキコさんが『ママはテンパリスト』で描くように、日本のママたちの間では子育てに関する様々な論争が勃発している。

「母乳神話とミルク派の10年戦争」「卒乳派VS断乳派」「フォローアップミルク6・9論争」「ベビーカー論争」など、ママたちは日々激論を交わしているらしいのだ。そこで東村さんは、マンガの中で一切ハウツー情報を書かないことを決めたという。

だけど育児の世界に限らず、真相が不明で、決着していないことは世の中にたくさんある。そんな時に普段はどうしているのか。

両論併記だ。

たとえば邪馬台国がどこにあったのかには、畿内説と九州説がある。どんな教科書もどちらかと断定せずに、両論併記をしているはずだ。

はっきりいって、邪馬台国がどこにあったかなんて、日本人の99％にはどうでもいい話題だろう。だけどこんな話題でさえも、決して片方の説だけに与することはしない。

しかしこれが育児の世界になると「母乳が絶対に正しい」派と「粉ミルクが絶対に正しい」派の宗教戦争になりがちだ。

「自分が絶対に正しい」と主張する人同士の戦いは永遠に終わらない。

だから、育児書や育児情報も、両論併記を増やしたほうがいいと思う。たとえば母乳と粉ミルクのメリット、デメリットをできるだけ中立的に書いてあげればいい。

そうすると何がいいのか。その育児情報を読む人が、自分で授乳方法を決められることに加えて、どちらかが「絶対に正しい」わけではないと知ることができるようになる。「母乳教」の人は認めたくないかも知れないが、僕が調べた限りでも母乳と粉ミルクには一長一短がある。また国によってもアメリカやイギリスは母乳派が多いが、フランスは粉ミルク派が多いといった違いもある。

だったら、不幸な宗教戦争を生まないために邪馬台国方式、つまり両論併記を増やせばいいと思う。

頼りにならない男たち

「イクメン」という言葉が登場し、父親の参加する育児が注目を浴びている。『日経キッズ』や『ＦＱ Ｊａｐａｎ』など男性向け育児雑誌が発刊されたり、政府も「育メンプロジェクト」を立ち上げたり、父親の育児参加は珍しいものではなくなった。

しかし日本の父親たちは国際的に見て、全然育児をしないことがわかっている。総務省の「社会生活基本調査」を見れば、6歳未満の子どもがいる夫婦がそれぞれどれだけ家事と育児をしているかを確認することができる。

２０１１年の調査によれば、女性は一日平均7時間41分を家事に費やしているが、そのうち3時間22分は育児にあてていた。一方で男性はといえば、育児と家事を合わせて1時間7分。そのうち育児時間は平均わずか39分に過ぎない。

アメリカでは男性が一日のうち、平均3時間13分（うち育児1時間5分）、スウェーデンでは平均3時間21分（うち育児1時間7分）を家事に費やしていた。

世界的に見て、比較した国々の中で、**日本のお母さんは多くの時間を育児に費やしている一方、お父さんは育児にかける時間が異様に少ない**のだ。

だけどこれは何も、日本の男たちがダメだという話ではない。本当にダメ男もいると思うが（僕も何人かは知っている）、日本の男性は世界でも有数の長時間労働をこなしているのだ。

ＯＥＣＤの調査によれば、日本人の休日も含めた一日当たりの平均労働時間は世界最長で、フランスの倍以上の長さだ。一方でレジャーにかける時間は最短だった。

特に都市部のサラリーマンは労働時間が長く、育児に関わる時間がないという男性も多いだろう。

これは、人々の意識にも現れている。時事通信社が２０１１年に実施した世論調査によれば、「父親も育児を分担して積極的に参加すべき」と答える人は３９・１％に留まった。

「母親が育児に専念すべき」と考えている人はさすがに６・６％しかいないが、５３・２

%の人は「父親は許す範囲内で育児に参加すればよい」と考えている。まだまだ育児は依然として「お母さん」ばかりに背負わされているのだ。

哀しい叫び「子どもがかわいいと思えない」

もう40年以上前だが、「日本人にとって母とは、宗教のようなものだ」と指摘した研究者がいた。

日本の母たちは、常に子どものことを生き甲斐として、我が子のためになら喜んで自分という存在も犠牲にする。そして、子どもがどんな逆境に陥った時でも、母だけは必ず子どもの味方になる。そんな「母」が日本では戦中、戦後と理想とされてきた。

実際、テレビドラマや文学作品などに登場する母親は、全人生を子どもに捧げる「聖母」のように描かれている。確かに『サザエさん』でも『クレヨンしんちゃん』でも、日本の物語に登場する「お母さん」は、とにかく子どものためには献身的になる。

今でも母親に「聖母」性を求めている人は少なくない。

だから、道端アンジェリカさんの「ベビーシッター事件」のようなことが起こる。母親は遊んだりせずに、常に子どものことを考えていなくてはならないという考え方が、まだまだ今の日本に根強く残っているのだ。

しかし、これはあくまでも「お母さん」はこうあって欲しいという社会の勝手なイメージだ。

実際には「お母さん」もただの「人間」なのだから、子育てに疲れることもあるし、自分の時間を持ちたい時もある。

発達心理学者の大日向雅美さんの研究によれば、多く母親たちは今も昔も理想と現実のギャップに苦悩してきたという。

「子育ては楽しいと思っていたけど毎日がつらい」「子どもって、もっとかわいいものだと思っていた」「産まれれば母性が芽生えると思っていたけれど、子どもが何をしても泣きやんでくれない。首に手をかけていたこともある」

大日向さんのもとには、そんな悲鳴が子育てをしている母親たちから届くという。

少し古いデータになってしまうが、大日向さんが１９９４年に実施した全国調査によれば、**「子どもがかわいく思えないことがある」という母親は実に７８・４％**、「子育てがつらくて逃げ出したくなる」と答えた人は９１・９％にも及んだ。

また最近、日本保育協会が行った調査でも、10％の保護者が「子どものいない人がうらやましい」、１６・３％が「子育てが重荷」、３８・４％が「時間に追われて苦しい」と答

えている。少なくないお母さんたちが苦悩の中にいるのだ。

ひとりぼっちの子育ては辛すぎる

このような声を聞いて、「子どもを産んだんだから当たり前だろう」「育児は甘いものじゃない」と批判する人がいるかも知れない。

だけど、そもそもなぜ「お母さん」は減点法で評価されないといけないのだろう。

これが「お父さん」だったらどうだろう。ちょっと育児休暇を取っただけの人が「イクメン」と呼ばれるように、「お父さん」はほんの少しでも育児に関わっただけで褒められる傾向にある。

「私たちが若い頃は子育てに文句なんて言わなかった」という人がいるかも知れない。だけど、そういう批判をする人が忘れていることがある。

子どもをめぐる環境は昔とまるで変わってしまったのだ。

かつては、子育てを祖父母が助けることは珍しいことではなかった。しかし、厚生労働省の調べによると、児童のいる世帯のうち三世代家族の割合は約16%にまで下がっている。親世代と子ども世代の別居化が進んでいるのだ。

さらに、この10年でも社会環境は大きく変わっている。三菱ＵＦＪリサーチ＆コンサルティングによれば、２００２年には「子どもを預けられる人がいる」と答えたお母さんの割合は５７・１％だった。それが２０１４年の調査では２７・８％にまで減っている。

さらに「子ども同士遊ばせながら立ち話をする人」「子連れで家を行き来できる人」「子育ての悩みを相談できる人」がいると答えるお母さんの割合も大きく減少した。

育児は今、ますます孤独になっているのだ。

お母さんの育児不安

孤立したお母さんほど、育児不安を抱える割合が高くなることもわかっている。

内閣府の調査によれば、仕事を持って働くお母さんよりも、専業主婦のほうが、「育児の自信がなくなる」「自分のやりたいことができなくてあせる」「なんとなくイライラする」といった不安を抱える傾向にあるという。

これは「専業主婦のお母さん」がダメだという話ではない。専業主婦であっても、きちんと「ネットワーク」があれば、お母さんは育児不安に陥らずに済むことがわかっている。

それは祖父母との同居でもいいし、近所づきあいでもいいし、もともとの友人との交流

でもいい。社会との接点をきちんと持っているお母さんは、育児不安が軽減されているという多くの研究がある。

まあ考えてみれば当たり前の話だ。

お母さんは子育ての「プロ」ではない。特に一人目の育児に関しては完全な「素人」。そんな素人に対して、世間はやたら「きちんと育児しろ」というプレッシャーばかりをかける。そこで自分の親や夫や保育士さんや、きちんと相談相手がいる人はいい。だけど、そうじゃないお母さんは、不安ばかりを抱えることになるだろう。

しかも育児に「正解」はない。育児書やインターネットの育児サイトには、本当に無数の育児方針が書かれている。そして、お母さん同士、めちゃくちゃ論争している。

何を食べさせればいいのか。反抗期をどうするか。言葉を覚えるのが遅くないか。だが子どもによって置かれた状況が違う以上、万人に当てはまる「正解」は、本来ほとんどないはずだ。

そんな時、育児経験者が周りにいれば「あんまり気にしなくてもいい」といったアドバイスをもらえるだろう（現にだいたいのお母さんは一人目より二人目、二人目より三人目のほうが育児が適当になっている）。

だけど、孤立した育児ではそうもいかない。誰もが無料で電話相談ができる「育児ホットライン」などもあるが、ＣＭをガンガンやっているわけでもないので、それを知っているのは「情報強者」のお母さんくらいだろう。

虐待死の44％が0歳児

子どもを虐待してしまう親たちもいる。

厚生労働省によれば、児童虐待死の実に約8割は子どもが3歳までの時に起きているという。しかもそのうち約半数は、子どもが0歳の時。

こうした悲惨な児童虐待死は年間50件近く起こっているが、加害者のほとんどは母親だという。夜泣きや食事の拒否に我慢できなかったりと、様々な理由で子どもに手をかけているのだ。

また、死亡にまでいたらない児童虐待事件も多く発覚している。最近では年間約7万件もの相談が、児童相談所に寄せられているという。

虐待をしてしまうお母さんは、孤立して誰にも相談できずに子育てをしていることが少なくない。もちろん、ほとんどのお母さんたちは、子どもを無事育ててあげる。だけど児童虐待は、何も加害者であるお母さんを責めて済む話ではない。

子育てを経験した人からよく聞くのは、「子どもに手を上げてしまう気持ちがわかる」という話だ。

せっかく準備した食事をめちゃくちゃにする。母乳をあげようとしても、抱きかかえても少しも泣き止まない。そんなことが毎日のように続くと、どうしても子どもに手を出したくなる……。

虐待は、様々な要因が重なって起こることが知られている。

特に虐待をしてしまう親は、⑴社会的に孤立していて助けてくれる人がいない、⑵子ども時代に大人から十分な愛情を与えられなかった、⑶経済不安や夫婦仲など生活にストレスがあるといった状況に陥っていることが多いという。

児童虐待の現場支援をする川崎二三彦さんは、著書の中で「児童虐待の加害者は、人権侵害の被害者」と述べる。

多くの児童虐待をしてしまう親は、不遇な子ども時代を過ごしたり、夫や社会から支援を全く受けていなかったりすることが多い。

だから、児童虐待を防止するためには、まずお母さん自身をケアしてあげることが大切なのだ。

「三歳児神話」の嘘

お母さんたちは、子どもから離れた時間を持つことが重要だという研究もある。

同じ専業主婦でも、子どもから離れることがないお母さんはとても育児不安が大きいが、まとまった時間、子どもから離れる時間を持てるお母さんだと育児不安は少ないというのである。

だから働くお母さんだけではなく、専業主婦のお母さんも、もっと保育園を活用できるようにしたほうがいいというのが本書の主張だ。

だけど、まだまだ日本では三歳児神話が根強い。

三歳児神話とは、「子どもが3歳までは、常に家庭において母親の手で育てないと、子どものその後の成長に悪影響を及ぼす」という考え方のことだ。

事実、国の調査でも、約7割の親は「少なくとも子どもが小さいうちは、母親は仕事を持たず家にいるのが望ましい」と答えているという。確かに、環境がそれを許し、家で子育てをしたいというお母さんはそれでいいだろう。

だけど、**三歳児神話そのものは、国も公式に「合理的な根拠はない」ものだと否定**して

いる。

1998年に厚生省（当時）が発行した『厚生白書』は、子どもにとって乳幼児期が大事だと認めながらも、「保育所や地域社会などの支えも受けながら、多くの手と愛情の中で子どもを育むことができれば、それは母親が一人で孤立感の中で子育てするよりも子どもの健全発達にとって望ましい」としている。

要は、子どもと家にずっと一緒にいてストレスを抱えているお母さんよりも、きちんと自分の時間を持って活躍しているお母さんのほうが、結局は子どもにとってもいいということだ。

国もたまにはまともなことを言う（その割には、保育園の整備とか本当に全然追いついてないけど）。

実は2章で見ていくように、子どもを良質な保育園に通わせることは、子どもの発達に非常に意味があるという研究成果が続々と発表されている。

つまり、子どもを早いうちから保育園に通わせることは、何ら咎められることではなく、むしろお母さんにも赤ちゃんにもハッピーだということだ。

1章のポイント

・この国は「お母さん」というだけで「人間」扱いしてもらえなくなる

・「三歳児神話」には合理的根拠がないことは、国も認めている

・「子どもがかわいく思えないこと」があると答えたお母さんは約8割

・孤立したお母さん（特に専業主婦）ほど育児不安になる確率が高い

・虐待死の44％が子どもが0歳の時に起きている

2章　人生の成功は6歳までにかかっている

保育園は子どもにとっていいのか悪いのか？　かつては「三歳児神話」なんてものもあったが、実は乳幼児教育の重要性は、教育経済学的にはもう決着がついている。

アメリカで実施された有名な実験によれば、良質な保育園へ通うことができた子どもたちは、その後の人生で「成功」する確率が高くなることがわかった。また、保育園へ通った子どもたちは、学歴と収入が高くなった一方で、犯罪率は低かった。

保育園は単純に子どもたちの「学力」を上げたわけではない。「非認知能力」といって、子どもたちの「生きる力」を上げたのだ。最近の研究では、「学力」よりも、意欲や自制心といった「非認知能力」が人生の成功に重要なことがわかっている。

だから乳幼児期の教育が重要という意味で「三歳児神話」は正しい。しかし、それは「お母さん」一人に任せていいものではない。実は、「非認知能力」は、人との交流によって育まれるものなのだ。

この章では、小学校に入る前の就学前教育の重要性を見ていこう。
「保育園義務教育化」にはこんなにいいことがたくさんある！

「哺乳類としての自然な子育て」という珍説

「シュタイナー教育がいい」「外で思いっきり遊ぶのがいい」「一汁一菜で育てるのがいい」「東大に行く子どもは納豆が好き」など、育児書を見ると本当にたくさんの「子育てにいいこと」が列挙されている。

だけど育児書やインターネット上の情報には、実に思い込みと自分の体験談だけで書かれているものが多い。1章で取り上げた「母乳育児」の是非についてもそうだし、「子どもを預けるのは保育園か幼稚園か」というのもよく論争の火種となるテーマだ。

この本が主張する「乳幼児期に子どもを保育園に預ける」というアイディアにも批判の声がある。

長田安司さんは保育園の理事長をしながらも、自著の中で、保育園が普及すれば普及するほど、日本社会はとんでもないことになると主張している。

特に3歳までの子どもを保育園に預けることに長田さんは大反対する。3歳まではお母

さんが子どもを育てるべきだというのだ。

その理由というのが、赤ちゃんは「お母さんのお腹の中から生まれるから」。

どう考えても理由になっていない。

長田さんによれば、子どもの自我形成は「お母さんと子供の一対一」が基本で、それに反すると子どもは将来必ず苦しむことになるという。その根拠というのが「親の支えがなく、自分を信じられない若者で溢れている新宿、渋谷などの街の状況」だという。

「新宿」を若者の街だと思っている感覚がどうにも古いし、どうしてそこにいるのが、「自分を信じられない若者」ばかりだと断言できるのだろうか。

また長田さんは、ニートの増加や新型うつも、みんな保育園のせいだと考えているようだ。若者たちに働く場所がなかったり、彼らが精神的に病んでしまうのは、子どもの頃に適切な愛情を受けていなかったからの一点張りで論を進める。

神戸市須磨区の児童連続殺人事件（酒鬼薔薇聖斗事件）、17歳の少年によるバスジャック事件といった凶悪犯罪も、彼らが「哺乳類としての自然な子育て」を受けてこなかったから起きたものだと推測している。

長田さんが言うように、僕も乳幼児期の育児はめちゃくちゃ大事なことだと考えている。だけど、それは本当に「お母さんと子供の一対一」の関係で育まれなければならないものなのだろうか。

そもそも「哺乳類としての自然な子育て」というなら、動物の世界の育児は、人間の目から見ると非常に残酷なことがわかっている。

チンパンジーなどの霊長類、ライオン、ハンドウイルカなど多くの種では、親が子どもを殺すことが珍しくないのだという。やたら日本人が好きなパンダも、双子を産んでも片方の子どもしか育てないことが知られている。

また長田さんの推測とは違い、酒鬼薔薇聖斗を名乗った「元少年A」の母親は専業主婦だった。特に「元少年A」は長男だったこともあり、子どもの頃は、彼にべったりだったようである。

長田さんの意見がいかに珍説かがわかる。

第一、少年犯罪の責任をすべて「お母さん」になすりつけてしまうのはあまりにも乱暴だ。

「教育」がきちんと研究されてこなかった日本

このように、保育や育児の世界では、トンデモ本が当たり前のように流通している。

またデータが古い本も多い。

たとえば、ミネルヴァ書房の『乳児保育』という教科書には、乳幼児保育が子どもの発達に悪い影響を与えないという研究が紹介されている。0歳の時に保育園に入った子どものほうが、1歳半以上で保育園に入った子どもよりも精神発達指数が高いというデータも載っていた。

こういった研究自体は非常に意味があるものだと思う。

だけど、これらの調査が行われたのはそれぞれ1980年と1985年。今から30年以上前のことで、現代とは保育園の様子も社会状況も違う。

いくら信頼できそうな教科書とはいえ（ちなみに「信頼できそう」の僕なりの基準は表紙がださくて値段が高いこと）、ちょっとデータが古すぎる。

もっとも、これらの研究できちんと追跡調査がなされていたら話は別だ。

その時、保育園に入った子どもたちはその後どのような大人になったのか。早くから保育園に入った子どもは、そうでない子どもに比べて、学力はどうだったのか。健康状況はどうだったのか。幸せになれているのか。

だけど残念ながら、日本ではそういった研究がほとんど行われてこなかったようだ。

少なくとも保育園で育った人がその後の人生で不幸になっているというデータはないし、そもそも幼稚園よりも保育園の数が圧倒的に多い時代、それほど保育園に害があるとは思えない。だけど信頼できそうな研究が少ない……。

根拠なし！　おじさんたちの「私の経験」披露合戦

そんな時に教育経済学者の中室牧子さんの研究に出会った。教育経済学というのは、「教育」を経済学の理論や手法を用いて分析する学問だ。

特に中室さんは、個人の教育歴や教育環境などに関する大規模データを用いて、教育を経済学的に分析することのプロだ（なんか信頼できそうでしょ）。

この章は、中室さんに直接会って聞いたこと、そして中室さんが最近出した『「学力」の経済学』という本をすごく参考にさせてもらった。「思い込み」が跋扈《ばっこ》する育児や教育の本の中では珍しく、きちんとデータに基づいた議論がされている本だ。

本の中では「子どもを勉強させるために、ご褒美で釣ってもいいか」「子どもはほめて育てるべきか」「ゲームは子どもに悪い影響があるか」など子育ての悩みへの答えが、教育経済学的に示されている（営業妨害になるので、その答えはここでは書かない）。

中室さんが熱く語っていたのは、**日本の教育政策には科学的根拠がとにかく薄弱**なのだという点だ。

たとえば、税制政策や経済政策において「私の経験から」発言するような大臣はいない。しかし教育政策では、とにかく偉い人たちの「私の経験」が幅を利かせてしまうというのだ。

確かに官邸で開かれている教育再生会議の議事録を読んでみたら、すごいことになっていた。それは会議という名の、偉いおじさんたちの「私の経験」披露合戦だったのだ。

「経験から私が言えることは、まず、家庭状況とか学校の成績にかかわらず、人間の可能性というのはすごく大きい」

「私の経験で言えば、修身の教科書の中にあった感動する物語（で）、人としての生ざまを身につけていった」

「日本の知識人は日本語では考えられるのです。しかし、私の経験でも、これをすぐ即座に英語なりほかの言葉に組み立てて対応していく力が国際的に弱い」

「50億円調査」が有効活用されていない！

こういった「私の経験」に基づき、教育再生実行委員会では、様々な提言を発表している。たとえば「いじめ防止」のためには「心と体の調和のとれた人間の育成に社会全体で取り組む」ことが大事だという。

確かに「心と体の調和のとれた人間の育成」は重要だろうが、目標が抽象的すぎて、そのためには教育現場で具体的に何をしたらいいのかが全くわからない。

一応、手段として「道徳を新たな枠組みによって教科化し、人間性に深く迫る教育を行う」といったことは書いてあるのだが、今度は「人間性に深く迫る教育」というのが何かよくわからない。

金八先生のような暑苦しい教師を増やせばいいということなのだろうか（ちなみに武田鉄矢さん自身は、学校での道徳教育なんて必要ないと言っていた）。

このように、「私の経験」ばかりが溢れる日本の教育政策。

一応日本でも全国の小中学生に実施する「全国学力・学習状況調査」などがあるが、びっくりしてしまうのは、これらの調査結果が研究者に十分開示されていないことだ。

僕も中室さんに聞いて知ったのだが、全国学力・学習状況調査には約50億円もかかっているのに、そのデータは研究者が学術研究のために使うことができない。せっかく**高いお金を使って集められたデータよりも、「私の経験」が優先されてしまう**というのだ。

別に「私の経験」を否定する気は無いが、それはあくまでも「その人の経験」。どこま

でみんなに当てはまるものかはわからない。

だが、どうやらアメリカでは日本と違って、もっとエビデンス（きちんとした根拠）に基づいた教育理論が研究されているらしい。

教育費は、何歳で使うべき？

中室さんによれば、経済学者の中でほぼ定説となっている見解があるという。

それは「子どもの教育にお金や時間をかけるとしたら、小学校に入学する前の乳幼児期の教育が一番重要だ」というものだ。

これは現代日本の感覚からすると、ちょっと不思議に思える。だって多くの家庭は、保育園や幼稚園ではなく、大学や専門学校に高い学費を払っているからだ。

文部科学省の試算によれば、子どもを幼稚園から大学まで全て国公立に通わせた場合、平均で約９７１万円がかかるという。学習費の総額は幼稚園の時は67万円なのに、大学では４３７万円にものぼる。すべて私立ともなれば、２０００万円以上のお金がかかる。

確かに「学費」といえば高校や大学のイメージがある。また自宅外から大学に通う人は下宿代も加わるし、理系や美大では実習費などもばかにならないだろう。ほとんどの日本人は、幼稚園や小学校の頃よりも、大学時代に高い教育費を払っている。

だけど、教育経済学の観点からすれば、このお金のかけ方は完全に間違いらしい。ちょっと難しい言葉でいうと、「人的資本への投資はとにかく子どもが小さいうちに行うべき」というのが中室さんはじめ、経済学者のアドバイスだ。

要するに、**乳幼児期の教育はめちゃくちゃ大事**ということである。

就学前教育が子どもの人生を決める

この主張の根拠になっている有名な実験がある。アメリカで1960年代に行われた「ペリー幼稚園プログラム」だ。

このプログラムでは、貧しい地区に生まれたアフリカ系住民の3歳から4歳の子どもたちに、質の高い就学前教育を提供した。

子ども6人を1人の先生が担当し、その先生も修士号以上の学位を持っている人に限定。読み書きや歌のレッスンを週に5日、それを2年間続けた。さらに、一週間につき90分の家庭訪問を実施し、親にも積極的に介入したという。

アメリカがすごいなと思うのは、これをきちんと「実験」にしてしまったところだ。

この「実験」では、素晴らしい幼稚園に通うことができた58人の子どもと、入園を許可されなかった子ども65人を比較、その後約40年にわたって追跡調査をした（小学校入学後は、ただ調査をするだけで、子どもたちへの教育介入は行われていない）。

日本だったら「ペリー幼稚園に入れなかった子がかわいそう！」「子どもを実験に使うな！」と炎上していてもおかしくない案件だ。だけど、この「実験」のおかげで、とても貴重なデータが手に入った。

この「実験」で何がわかったか。

ペリー幼稚園に通った子どもは、通わなかった子どもに比べて、「人生の成功者」になる確率が高いことがわかったのだ。

彼らは、19歳時点での高校卒業率が高く、27歳時点での持ち家率が高く、40歳時点での所得が高く、40歳時点での逮捕率が低かった。

つまり、たとえ**貧しい家に生まれても、質の高い就学前教育を受けることができれば、高い学歴を手にし、安定的な雇用を確保し、犯罪などに走ることが少ないということが証明**されたのだ。

「非認知能力」が子どもたちを成功に導く

なぜペリー幼稚園に通った子は「人生の成功者」になれたのだろうか。

僕たちは「乳幼児教育」というと、ついつい子どもに英語や算数といった「勉強」を教えればいいと思ってしまう。だが、ペリー幼稚園プログラムのキモは別の場所にあったようなのだ。

確かに、ペリー幼稚園に通った子どもたちは、小学校入学後のＩＱテストや学力テストの成績は、そうでない子どもに比べて高くなった。

しかし興味深いのは、こうした学力の差は年齢が上がるにつれて小さくなり、子どもが8歳前後では差がなくなってしまったことだ。

いくら質の高い幼児教育を受けたところで、学力を上げる効果は短期的だったわけである。ではどうして、ペリー幼稚園に通った子どもたちは「人生の成功者」になる確率が高かったのだろうか。

それを解く鍵は「**非認知能力**」にある。

ちょっと聞き慣れない言葉だが、「非認知能力」とは「人間力」や「生きる力」のよう

なものだ。

社会性があるとか、意欲的であるとか、忍耐力があるとか、すぐに立ち直る力があるとか、広い意味で生きていくために必要な「能力」のことを、経済学者や心理学者たちは「非認知能力」と呼ぶ。

ペリー幼稚園プログラムによって高まったのは、ＩＱや学力テストで測れるような「学力」ではなく、子どもたちの「非認知能力」だったのだ。質の高い幼児教育で、子どもたちは社会性や忍耐力といった「生きる力」を身につけることができた。

それが、彼らの「成功」につながったわけである。

ノーベル賞受賞者が断言「5歳までの環境が人生を決める」

乳幼児期の教育が子どもの「非認知能力」を高め、それが「人生の成功」において非常に重要なこと。**これを学問的に証明したのが、ノーベル経済学賞受賞者であるシカゴ大学のジェームズ・ヘックマン教授**である。

このヘックマン教授が最近、日本にも来ていた。その時、日本のメディアへのインタビユーに対して「5歳までのしつけや環境が、人生を決める」と答えている。

その根拠として教授は、「ペリー幼稚園プログラム」よりも低い年齢を対象にして行われた「アベセダリアン・プロジェクト」を例に挙げていた。

この実験は、貧しい家に生まれた平均生後4・4ヶ月のアフリカ系アメリカ人を対象に行われたものだ。ここでもアメリカらしく、きちんと保育園に通わせるグループと、通わせないグループの比較実験が行われた。

保育園に通った子どもたちは、一日に6時間から8時間、週5日間、当時の最新理論に基づいた学習ゲームなどをさせられた。同時に教師は保護者面談を定期的に実施、家庭学習の進め方を教えた。

結果、どうなったか。

するとやはりペリー幼稚園プロジェクト同様の結果が出た。教育を受けた子どもたちは、学校の出席率や大学進学率が高く、「いい仕事」に就いている割合も高くなったという。

実験に参加した一人はテレビのインタビューに次のように答えていた。大学を卒業後、ニューヨークで就職、「人生の成功者」になった黒人男性だ。

「僕のことを賢いとか頭がいいとかいう友だちがいます。でもそうじゃない。僕は学ぶこ

とが好きなだけです。勉強が好きになったのはすべて早期教育のおかげです。多くの人は勉強は学校に上がってからでいいと言いますが、僕には確信がある。学習はずっと前から始まっています」

そしてヘックマン教授は、これらの実験を踏まえてある残酷な事実を突きつける。

「20代で集中的な教育を施しても、幼児期ほどＩＱを高めることはできません」

「人生はいつでもやり直せる」とか「人生に手遅れはない」というが、実際は人生は後から挽回するのが非常に難しいというのだ。

最近、日本語訳が出版されたヘックマン教授の『幼児教育の経済学』という本でも、「学力」やＩＱなどは幼少期に確立され、大人になってから子どものＩＱや問題解決能力を高めるのが非常に難しいことが述べられている。

もっとも、ヘックマン教授とは違って、人生はもっと後からでもやり直せるという研究も存在する（じゃないと救いがないよね）。ただそれでも多くの研究者が賛成するのは、乳幼児教育のほうが「コスパ」がいいということだ。

マシュマロを我慢できた子どもは成功する

中室さんに教えてもらったこれらの研究は、非常にショッキングだが、同時に直感的に理解可能なものだ。

確かに、この社会、「学力」だけでは生きていけない。むしろ「やり抜く力」や「意欲」や「根気がある」といった「非認知能力」が重要になる局面は多い。

ヘックマン教授らの研究によれば、人生における「成功」は筆記試験で計れるような「賢さ」よりも、この「非認知能力」が重要になることがわかっている。

意欲や、長期的計画を実行できる力、他人と働くために必要な感情の制御が、大学進学率や年収、健康、犯罪率に大きく関係するというのだ。

マシュマロ・テストという実験がある。

4歳から5歳の幼児たちに「今すぐに1個マシュマロをもらう」のがいいか、それとも「15分待ってマシュマロを2個もらう」のがいいかを選ばせる。

要するに、子どもたちの自制心を見る実験なのだが、このマシュマロ・テストをした子たちを追跡調査したのだ。

その結果、マシュマロ・テストで我慢できた子は、その後の人生で社会的成功を収める確率が高いことがわかった。マシュマロを待てる秒数が長いほど、大人になった時に自尊心が強く、ストレスにうまく対処でき、肥満率まで（！）低かった。

小学校に入る前の段階で、人生の「勝負」の大部分がついているのだ。

もちろん、マシュマロを待てなかった子がみんな社会的敗者になるわけではない。自制心がなくても成功している人はたくさんいる。

勝手な推測だが、脳科学者の茂木健一郎さん（頭がモジャモジャしている人）は、マシュマロ・テストで我慢できなかったタイプだろう。

僕と対談した時も、同じ場所に長い時間座っているのが苦手らしく、突如立ち上がって会場中を歩き回ろうとしていた（残念ながら固定マイクだったので、転んでいた）。

「生まれ」は「育ち」で変わる

「生まれ」か「育ち」かという議論がある。

マシュマロ・テストのように、4歳から5歳の段階でその子の将来がある程度予測できてしまうなら、結局のところ「遺伝」ですべてが決まるということなのだろうか。

このあたりは専門家の間でも意見は分かれるところなのだが、最近の研究では遺伝子がすべてを決めるという考え方は否定されつつある。

なぜなら、どんな素晴らしい遺伝子を持っていても、その**遺伝子が効果を発揮するかは、その人の生活習慣や環境次第**だということがわかってきたからだ。

だから最近流行している遺伝子検査も、実は相当怪しいものだと言われている。

僕の友人（男性）は唾液を送る個人用遺伝子検査を受けたところ「エコノミー症候群と子宮筋腫に注意」という結果が返ってきたという。まったく役に立たない検査結果だ。

しかも、同じ唾液を送っても、調査会社ごとに検査結果が違うことも多い。遺伝子検査は、科学の装いをした占い（もしくは「呪い」）くらいに思っておくのがいいだろう。

環境が遺伝子にまで影響を与えるのなら、結局は「生まれ」と「育ち」をきれいに切り分けることができない。だからこそ、子どもの育つ社会的環境を整えることが大切なのだ。

夏休みの宿題ができなかった子どもは大人になっても太っている

しかしこうした研究は主にアメリカで行われたものだ。しかもペリー幼稚園プログラムなどは、いくら大規模実験といってもサンプル数は１００程度だ。

限られたサンプルに対して行われた研究を、どれくらい一般化することができるものなのだろうか。

中室さんによると、アメリカではペリー幼稚園プログラムに限らず、アベセダリアン・プロジェクトなど類似の実験が行われてきた。

興味深いことに、それぞれの実験は、異なる時期に、異なる場所で行われた研究にもかかわらず、その結果は基本的に、ペリー幼稚園プログラムと同様の結果を示している。「乳幼児期の教育が重要だ」というのは、多くの研究で裏付けられているのだ。

またアメリカほど大規模な実験ではないが、実は日本でも似たような研究が発表されている。

行動経済学者の池田新介さんの研究によれば、子どもの頃、夏休みの宿題をギリギリまでやらず、休みの最後にしていた人ほど、借金が多く、喫煙傾向にあり、肥満者になる確率が高いのだという。

子どもの頃に自制心のない人は、大人になってからもダメなのだ。「なかなかダイエットに成功しない」と嘆いている人は、実は子どもの頃から身についてしまった習慣がそうさせているのかも知れない（救いがないけど納得できる）。

子どもの頃に受けたしつけが、その人の年収に影響を及ぼしているという研究もある。

京都大学の西村和雄さんたちの調査によれば、子どもの頃「うそをついてはいけない」「他人に親切にする」「ルールを守る」「勉強をする」という四つのことを教えられた人は、大人になってから、そうでない人と比べて平均年収が約57万円高かったのだという。

この調査は、「子どもの頃に周りの大人からよく言われたこと」を聞いたものだが、右の四つのことが、他のしつけよりも効果があったことが証明されたという。

ちなみに高学歴の人と、そうでない人を比べた場合、「ルールを守る」などは高学歴の人が多く言われていた。一方で「ありがとうと言う」「大きな声を出す」などのしつけは、学歴には関係がなかった。

このような研究からわかるのは、子どもが小さい時の教育が、「人生の成功」において、いかに大事かということだ。

こういった研究結果を見て、「すごくわかる!」という人も多いのではないだろうか。たとえば締め切りを守ることとお腹が弱いことで有名な直木賞作家の朝井リョウくんも、夏休みの宿題は7月中にやるタイプだったらしい。

そして僕は、自分が「これからの人生に役に立つ」と踏んだ宿題はきちんと7月中に終わらせていたが、ラジオ体操やプールに行かなくてはいけないという宿題は、「これからの人生に必要ない」と自主的に放棄していた。

小学生の頃までに身についた習慣は、大人になってからもなかなか変わらないということらしい。僕の周りにもダイエットが趣味になっている人がいるが、そうした人は子どもの頃に持続性という「非認知能力」を身につけることができなかったのかも知れない。

家庭環境で決まる「努力」できる才能

教育社会学者の苅谷剛彦さんも恐ろしい研究を発表したことがある。

家庭環境が子どもの「努力をする才能」を決めているのではないかというのだ。

豊かな階層に産まれた子どもたちは、子どもの頃からの習慣で「努力」が難なくできる。だから学習意欲も高いし、結果的に学校の成績もよくなる。

しかし貧しい階層の子どもたちは、そもそも「努力」する習慣がない。学校で学ぶ意義を見つけられず、あくせく勉強することに価値を感じていない。

だから彼らは、将来の生活よりも現在の学校生活を楽しもうとする。「いい学校に行けばいい人生が待っている」という物語を信じられず、「自分探し」に奔走するようになるのだ。このように生まれた家によって「意欲の格差」が生じてしまうのである。

事実、最近内閣府が実施した調査でも、**貧しい家に生まれた子どものほうが「テストで**

よい点数がとれないとくやしい」と感じる割合が少なかった。貧しい家の子どものほうが、「意欲」という「非認知能力」が身についていないのだ。

よく勉強や仕事ができない人に対して、「努力が足りない」という批判がされる。しかし、「努力ができる」という「能力」は、子どもの頃に身につけた習慣に大きく影響されている可能性が高いのだ。

人が持つ価値観というのは、育ってきた環境に大きく影響される。社会学では、育ってきた環境によって培われたものを「文化資本」と呼ぶ。それには言葉遣い、趣味、立ち居振る舞い、感性なども含まれる。

この「文化資本」もやはり、恵まれた家庭に生まれたほうが身につけやすく、貧しい家庭の人はそうではないことがわかっている。

たとえば、親の学歴が高い人ほど、子どもの頃に家族が本を読んでくれた経験が多く、美術館や博物館に行ったことがある。そうすると子どもの頃から本を読む習慣がつき、文化に慣れ親しむようになる。

このような「文化資本」は大人になってからも大切だ。挨拶ができる、相手に感謝の気持ちを伝えられる、文章を読んだり書いたりすることが苦痛ではない、論理的に自分の意見を主張できる、そういった広い意味での「育ちのよさ」が評価される機会は多い。

「学力」だけでは生きていけない時代

学校で身につけることになっている「学力」には、どれほどの意味があるのだろう。

経済評論家の大前研一さんは、現代において大事なのは「カンニングする能力」だと言う。ん？　カンニングってダメなことじゃなかったっけ？

かつては記憶力が大事とされた時代もあった。しかし現代では、どんなこともすぐに検索できてしまう。膨大な情報を覚えておくよりも、うまく物事を検索したり、見つけた情報を適切につなぎ合わせる能力のほうが重宝される。

実際、世界的にはテストの時に「カンニング」を容認する動きも出てきている。

たとえば、デンマークの高校卒業試験では、試験的にパソコンの持ち込みとインターネットの使用が認められているという。

ツイッターなどSNSの使用は禁止されているが、生徒の「考える力」を見ることが重要であるという考えかららしい。授業やテストでインターネットを使った検索を解禁している小学校もあるという。

また現に、大人たちが受ける就職試験でも面接が主流だ。カンニング禁止のペーパーテストの結果は大抵の場合、あくまでも参考程度に使われるくらいである。

また仕事を始めてからも「カンニング禁止」という状況自体、なかなか経験することはない。プレゼンをする時には資料があるし、何かを無理やり暗記して披露する機会というのは、ほぼない。

誰もがスマートフォンで世界中の情報にアクセスできる時代に、ただの「学力」の価値は、昔とは比べものにならないくらい下がってしまった。

そもそも、学校で習ったこと、覚えてますか？

ここでいきなりだが問題を出してみよう。

まず理科。

・アサリなどの軟体動物が体の表面を覆う膜を何というか。
・示準化石と示相化石とはそれぞれ何だろうか。
・一酸化炭素を吸い込むと体が危険な状態になるのはなぜか。

続いて社会。

- 江戸時代末期、旧幕府軍が戦いを起こしたが破れ、戊辰戦争が始まるきっかけになった場所はどこか?
- 「すべて国民は 健康で文化的な最低限度の生活を営む権利を有する」と書かれた憲法25条が規定している権利を漢字三文字で何というか。

これらは、すべて近年の東京都立高校の入試試験からの抜粋だ。

公立高校の入試というのは、当然中学校で教わるべきことの中から出題される。しかも中学校までは義務教育だ。つまり、右に挙げた問題は日本人であれば、解けないほうがおかしい問題ばかりのはずだ。

だが「示準化石」や「示相化石」なんて言葉を久しぶりに聞いた人も多いのではないだろうか。またマスコミでもよく話題になる生活保護だが、その根拠が憲法25条の「生存権」だとぱっと出てくる人はどれくらいいるだろうか。

繰り返すが、これらは中学生レベルの問題である。これが高校生となるとよりレベルが上がる。大学入試センター試験より難易度が低く、ネット上でも「簡単」と噂される高等学校卒業程度認定試験（昔の「大検」）の問題を見てみよう。

まずは「世界史Ｂ」。

・１５９７年にイスファハーンに都を移してサファヴィー朝最盛期を築いた君主は誰か。
・オーストリアの君主で、七年戦争においてプロイセンと戦った人物は誰か。

続いて「日本史Ｂ」。

・中世に堺の商人と結び、中国の寧波で勘合貿易の実権争いを展開した守護大名は誰か。
・江戸時代に繊維を染める染料として普及した米沢藩発の商品は何か。

履修科目にもよるが、高校進学率を考えると右の問題は日本中の誰もが解けてもおかしくない問題だ。特にこんな文字ばかりの本を読んでくれる人なら尚更だ。

でも正直わからなかった人も多いと思う。というか、僕がわからなかった問題ばかりを引用した。

要は、学校が教えてくれることで大人になってから必要な知識はごく一部なのである。言い換えれば、記憶とは反復によって定着するものだから、学生時代は覚えていても、生きるために必要のなかったことはどんどん忘れていくのだ。

人狼が弱くても生きていける社会

この一年くらい友人たちと、「人狼」や「タイムボム」、「レジスタンス」といったカードゲームにはまっている。下手したら12時間くらいひたすら人狼をしていたこともある。

しかし僕はこうしたゲームが基本的に弱い。自分で言うのも何だが、僕は一応「学歴」だけを見れば高い人間だし、学校の成績も基本的には良かった。

なのにこうしたゲームが明らかに弱いのだ。もしこの社会が「人狼」で社会的地位が決まる世界だったら、間違いなく落伍者になっていた。

ちなみに、僕の友人でダントツに人狼の才能があるのが佐藤健くんなのだが、彼は彼で「強そう」と周囲から警戒され、最後まで生き残れない。世の中難しいものだ。

この前、人狼の合間に「レジスタンス」というカードゲームをやった。

解放軍とスパイに分かれて勝敗を競うゲームである。解放軍は誰が味方か敵かわからない中で、うまく味方を見つけてミッションを成功させなくてはならない。

その中で「マーリン」という役職がある。解放軍の中で「マーリン」だけは、誰がスパイかを知っているのだ。通常はゲームにまるで貢献できなかった僕だが、この「マーリン」になった時だけは、やたら鋭くなり、勝負に貢献することができた。

当たり前である。「マーリン」は誰が味方かをわかっているのだ。自分を「マーリン」と名乗ることはルール上できないが、誰が味方かという情報をもとに、ゲームを有利に進めていくことができる。

ゲーム中には「古市くんが鋭すぎる。おかしい。マーリンでしょ」と何度も言われた。

しかし現実社会で「マーリン」になることは、決して難しいことではない。

本を読み、専門家に話を聞き、インターネットで正確な情報を取捨選択できれば、ほとんどの知識は手に入れることができる。**何が「正解」かわからない時代**だからこそ尚更、「カンニングする能力」が大事なのだ。

「非認知能力」は集団の中でこそ磨かれる

ヘックマン教授は、学力テストでは測ることができない「非認知能力」こそが人生の成

功において重要であることを訴える。そして「非認知能力」を伸ばす教育は、早ければ早いほうがいいという。

このように「乳幼児教育が重要だ」というと、子どもを英才教育の塾に通わせたり、育児本を買い込んでくる人がいるかも知れない。こうした話は幼児教育業界にとっては恰好の商売のネタだろう。

しかし「非認知能力」の多くは、他人から学ぶものだという。

ヘックマン教授がアメリカの一般教育修了検定（日本の高卒認定試験）を分析したところ、興味深いことがわかった。

一般教育修了検定に合格した若者は、ただの高校中退者よりはいい人生を送っていた。しかし、普通に高校を卒業した若者に比べると、高校に通わずに一般教育修了検定に合格した若者のほうが、年収や就職状況、健康状態までが悪い傾向にあったというのだ。さらに犯罪率や福祉が必要になる割合も高かったという。

この研究から推察できるのは、学校で身につけるのは「学力」だけではないということだ。子どもたちは、先生や同級生との交流の中で「非認知能力」を身につける。そしてそれが、「人生の成功」につながっていくのだ。

実は**保育園や学校に行く意味は、「学力」以上に、この「非認知能力」を磨くこと**にある。

社会がトクをする就学前教育

恵まれた家に生まれた人が英才教育を受けること自体は否定しない。だけど、僕はそれよりも「社会全体のレベル」を上げたほうがいいと思っている。それが「保育園義務教育化」というアイディアなのだ。

なぜ多くの人が保育園に通ったほうがいいかというと、それは社会にとって「効率の良い投資」だからだ。

そもそもヘックマン教授たちの研究には、「社会の中でどこにお金をかければ、社会にとってトクか」という興味関心があった。

アメリカでの研究からわかっているのは、大人に対する教育訓練は思ったほどの成果を生んでいないことだ。

たとえば高校を中退した若者たちに対して、全寮制の学校に入れて再教育をする「ジョブコープ」というプログラムがある。

そこそこの投資効果があると評価されているが、それでもペリー幼稚園プログラムなど乳幼児教育に比べれば「コスパ」が悪いことがわかっている。

それよりも保育園などの就学前教育を充実させたほうが、社会全体がトクをすることになる。なぜなら、この章で見てきた通り、いい保育園に通った子どもたちは、大人になってから失業率や犯罪率が低く、生活保護を受給する割合も低いからだ。

つまり、質の高い乳幼児教育を全ての子どもに受けさせることができれば、日本全体の犯罪率が減ったり、失業保険や生活保護受給者が減るのだ。

ペリー幼稚園プログラムの「社会収益率」は7％から10％と計算されているという。つまり4歳の時に投資した100円が、65歳になった時に6000円から3万円になって社会に還元されているということだ。

子どもたちの教育に十分なお金をかけることは、社会にとって結果的に「節約」になるのである。

格差が広がっていく社会の中で

日本は現在、世界的に見れば犯罪率は低いし、失業率も低い国だ。「凶悪犯罪が増えている」という偏見にまみれた報道もあるが、実は日本は戦後すぐと比べるとはるかに安全な国になっている。たとえば他殺による死亡者は1955年には

2119人もいたが、2014年にその数は357人にまで減っている。

だけど、これからはわからない。これから社会の格差が広がっていけば、この国は相互不信に満ちた、もっとギスギスした社会になっていくだろう。そんな時には教育、それも「就学前教育」が重要なのだ。

特に今、日本では子どもの貧困率の高さが問題になっている。

子どもの相対的貧困率は15%を越え、アメリカやスペインなどに次いで先進国の中ではワースト5位に入る数字だ。さらに、ひとり親世帯の貧困率は約6割で、先進国最悪の状態だ。また、就学援助費の受給率も15%を超えた。

子どもの貧困は、少なくとも「自己責任」ではない。自分ではどうすることもできない子どもの中の、7人に1人が貧困状態の中に暮らしているのだ。

そんな時に、「保育園義務教育化」という形で、誰もが無償で、質の高い教育を受ける権利を持つことは非常に大切だ。

それは格差の解消、「貧困の連鎖」を断ち切ることにも役立つ。

繰り返すが、**乳幼児教育は「社会全体のレベル」を上げる**ために必要なのだ。自分の子どものレベルをいくら上げたところで、その友人や、社会が荒廃していたら、それは「子育てしやすい国」とは言えない。同じレベルの仲間との切磋琢磨で人は成長するのだ。

そしてどうせなら、安全な国で、全ての子どもたちが質の高い教育を受けられる国で、子どもを育ててみたいと思わないだろうか。

2章のポイント

- 子どもの教育は、乳幼児期に一番お金をかけるのがいい
- 良質な保育園に行った子どもは、人生の成功者になる可能性が高い
- 意欲や忍耐力といった「非認知能力」が人生の成功につながる
- 「非認知能力」は集団の中でこそ磨かれる
- 夏休みの宿題がぎりぎりまでできなかった子どもは大人になっても計画性がない
- 格差が広がる日本では、社会全体の「レベル」を上げるために就学前教育が重要

3章「母性本能」なんて言葉、そもそも医学用語でもなければ根拠もない

「母性本能」という言葉がある。

マンガ『ＮＡＮＡ』でも、主人公のナナが産婦人科で「母性本能って……あたしよく分からないんですけど……普通は誰にでもあるものなんですか？」という相談をするシーンがあった。

この質問に対して老いた産婦人科医は「あるんじゃないかしら。女性の本能ですからね」と答える。

そんな風に僕たちは当たり前に「母性」という言葉を使ってしまう。たとえば、育児でほとんど眠れていないお母さんには「母性ってすごい」と称賛をする。一方で、「お母さん」が子どもを誰かに預けただけで「母性がないんじゃない」と批判される。

だけど多くの社会学者は、「母性愛」は女性に初めから備わっている本能などではなくて、

時代や環境が生み出したものに過ぎないと考えている。

赤ちゃんを産んだお母さんが感じる子どもへの愛情が嘘というわけではない。だけど、人類の歴史を紐解いてみれば、「母性愛」と呼ばれるものが時代や国によってまるで違う表れ方をしていることがわかるのだ。

日本でも江戸時代までは、赤ちゃんを捨てても抵抗感を持たない人がたくさんいた。そもそも「母性」や「母性愛」という言葉自体、日本には大正時代までなかった。

さらに言えば、「お母さん」だけに育児の責任を押しつけるようになったのは、せいぜいこの数十年のことである。専業主婦というのも、歴史的に見れば極めて「新しい女性の生き方」なのだ。

だから、子どもがかわいく思えなかったり、たとえ育児を投げだしそうになったりしても、決して「母親失格」だなんて思う必要はない。むしろ子どもを愛したり、守りたいと思う感情は、歴史的に見れば、決して当たり前のものではないのだ。

捨て子が当たり前だった時代

日本では、昔から子どもが大切に扱われていたわけではない。

どうやら古代や中世の日本では、子どもを捨てるのが当たり前だったようなのだ。「日本の伝統的な子育ては素晴らしい」とか「昔は人情に溢れていた時代だった」という人がいるが、それは歴史資料を見る限り、全くの嘘だということがわかっている。

今から1000年ほど前、捨て子は日常茶飯事で、それを助けようとする人もいなかった。赤ちゃんは無防備のまま放置され、牛や馬に踏み殺されたり、犬に食べられてしまうことが多かったという。また、当時の法律には捨て子を罰する規定もなかった。『源氏物語』などで描かれるように、貴族たちはきらびやかな生活を送っていた時代ではある。しかし庶民の世界はそこまで悲惨だったのである。

その状況はなかなか変わらなかった。戦国時代、ポルトガルからやってきたルイス・フロイスという宣教師は『日本史』の中で次のような証言を残している。

「婦人たちが堕胎を行うというのは、日本ではきわめて頻繁なことである」
「或る人たちは、誕生後、その頸に足をのせ、窒息させて、子どもを殺し、また或る人たちは堕胎を誘致する因となるある薬草を飲む」
「朝、岸辺や堀端を歩いて行くと、そこに投げ捨てられた子どもたちを見ることが度たびある」

「日本の子どもは半裸で、ほとんど何らの寵愛も快楽もなく育てられる」

にわかには信じられないが、日本では長い間、庶民たちの間では堕胎や捨て子は当たり前のことだったらしい。それは、多くの人が非常に貧しい環境で暮らし、子どもを十分に養うことができなかったからだ。

しかも、捨てられなかった子どもが現代のように大切に育てられたわけではない。当時は、一部の貴族などをのぞいて、男女関係なく誰もが働かなくてはならなかった。百姓も商人も、育児と家事だけをする「専業主婦」なんて存在はいなかった。

また衛生環境も悪く、医療水準も低かった時代。

乳幼児死亡率は非常に高く、大人になるまでに死んでしまう子どもも多かった。子どもは取り替えのきく存在と見なされていたのだ。

さらに、中世には人身売買も盛んで、10歳に満たない子どもも労働力として売り買いの対象になっていた。売買された子どもは、草刈りや芝刈り、運搬業などに従事し、貴重な労働力になっていたようだ。

びっくりではないだろうか。「子どもが大切」という価値観は、歴史的に見て少しも当たり前のことではなかったのだ。

父親が子どもを育てた時代

その状況が変わるのは江戸時代も半ばになってからのことである。

17世紀に、寺子屋が全国に普及し、「子どもを教育しよう」という価値観が広まっていった。その頃には、農村でも乳幼児期の子どもの誕生や成長を祝うような儀式も普及しつつあったという。

また、幕府も法律で捨て子を禁止するようになった。しかし、それでも子どもを捨てざるを得なかった貧しい親も多かった。そのため、捨て子を保護するような藩も出てきた。しかし、今のように「お母さんが子どもを育てることが当たり前」と思われていたわけではない。

歴史学者の太田素子さんは、江戸時代を「父親が子どもを育てた時代」と呼んでいる。**当時の育児書は、今と違って、男性が男性に対して書いたものばかり**だったというのだ。武士たちにとっては「家」を守ることが大事である。そのため、特に長男を家長として教育するために父親たちが奮闘していた。

「家」を残すことが重要だと考えられていた時代、その家長である父親は、育児を自分の

責任だと考えていた。

だから「育児は女性の天職」だと考えるような発想はなかった。実際には、主に母親と祖母が育児をする場合も多かったが、精神的には父母が共同で子育てをしていたのだ。

また下級武士たちは、労働時間が短く、要するに暇だった上に、職場と家が近いことも多かった。

だから男性であっても日常的な育児や家事に関わっていたという。父親の勤務先に子どもが訪れたり、お祭りに一緒に参加したり、江戸時代にはイクメン武士が珍しくなかったらしい。

一方で、庶民たちは村単位や、大家族での子育てをしていた。貴重な労働力である若い女性を、育児だけに専念させるわけにはいかない。当時は、男女関係なく、家族総出で仕事をするのが当たり前だった。

赤ちゃんのお守りは、もっぱら子どもたちの仕事だった。それも現代のように、大事に育てられたわけではない。子どもというのは、現代に比べればはるかに雑に扱われるものだった。

子どもが里子に出された時代

何も日本だけが特別だったわけじゃない。18世紀のフランスでは、誕生後赤ちゃんを乳母に預けたり、里子に出すという習慣があったという。

歴史学者が発掘した資料によれば、１７８０年にパリで産まれた子どもは2万1千人。そのうち母親のもとで育てられた子どもはなんと、１０００人にも満たなかったという。他の2万人の子どもたちは、里子として遠方に送られてしまっていた。

なぜ当時の親たちはこんなことをしたのか。一つは「厄介払い」という意味があったという。経済的に厳しい家庭にとって、時間のかかる子育ては重荷だし、女性たちはすぐに仕事に復帰する必要があった。

しかも、里子に出した子どもが死んでも、当時の親はあまり怒らなかったらしい。「これであの子も天使になって天国へ行った」と平然としていたり、中には子どものお葬式にさえ参加しない親も多かったという。

もちろん中には子どもを大切に育てた母親もいただろうが、現代日本のような「母性愛」は決して当たり前のことではなかった。なぜなら、**貧しい時代、女性は「母親」である前**

に**「労働者」だった**からだ。

どちらにせよ、当時の女性たちは、自分の手で自分の子どもを育てるのを、当たり前のことだとは考えていなかったのである。

7歳から「小さい大人」と思われていた時代

そもそも、昔は「子ども」なんていなかったという研究もある。

もちろんいつの時代も赤ちゃんはお母さんから産まれるし、身体が小さい時期はあるはずだ。だけど、それが現代のように保護されるべき「子ども」と見なされていなかった。『〈子供〉の誕生』という有名な本によれば、中世の絵画で子どもたちは、まるで大人と同じように描かれていたという。大人と同じ服を着て、働きに出され、お酒を飲み、恋愛をしている。

そして、だいたい7歳を過ぎた子どもは「小さい大人」として認識され、大人と同等に扱われていたのではないかというのだ。

現代の価値観からすれば、7歳が「大人」だったなんて信じられない。

だけど確かに言われてみれば、小学生にもなれば「大人」らしい会話もできる子もいるし、ませた子は誰かに恋愛感情を持つこともあるだろう。

要するに、中世ヨーロッパでは「子ども」がちっとも特別扱いされていなかったのだ。たとえば、フランスで「小児科」が誕生するのは1872年のことである。逆にいえば、それまで小児医療なんてものはほぼなかった。子どもが「小さい大人」と思われていた証拠である。

「親」がたくさんいた時代

日本でもヨーロッパでも、「子ども」はずっと大事にされていたわけじゃないことがわかった。しかも、**母親が子どもを育てるという価値観も当たり前ではなかった。**

では、いつから「女性が育児をするもの」という考え方が広がっていったのだろうか。それは大正時代に都市部から始まり、昭和時代に徐々に庶民の世界にも拡大していったらしい。

明治時代は、「親」はたくさんいたほうが、子どもの命にとっていいという考え方もあった。衛生状態も悪く、まだまだ貧しかった時代だ。「産みの親」だけではなく、「名付け親」などたくさんの「仮の親」がいたほうが、安定して子どもを育てられるという感覚を

持てたらしい。

それが変わるのが、大正時代だ。特に第一次世界大戦後で景気がよくなった日本では、多くの企業や銀行が誕生、同時に「サラリーマン」という存在が生まれた。

今では「社畜」と呼ばれるサラリーマンも、当時は憧れの存在だった。なぜなら、農業や自営業で働く人が多かった時代、安定して給料がもらえる「サラリーマン」は、非常に魅力的だったからだ。

1930年の段階で、「サラリーマン」と呼べそうな人は日本全体で約200万人しかいなかった。今から考えればとんでもないエリートである。

この「サラリーマン」というエリート男性の出現と共に、「専業主婦」という存在が生まれた。外でお金を稼ぐことは夫に任せて、家事や育児に専念する「専業主婦」。それは、家族中で働かなくてはならない時代にはあり得なかった。

そもそも、日本で初めて「母性」という言葉が用いられるようになったのが、大正時代のことである。スウェーデン語の翻訳として日本に登場したのだが、言葉が普及するのは昭和時代に入ってからのことである。

「母性は本能だ」なんて言ってしまうが、**大正より前の日本人は「母性」という言葉さえも使っていなかった**のだ。

「専業主婦」は日本の伝統ではなく、戦後生まれ

大正時代に誕生した「専業主婦」と「サラリーマン」だが、それが一般的になるのはもっと後のことである。日本の大多数は農業に従事していたし、都市部の庶民家庭でも母親は内職や家事で忙しく、子どもに時間をかける余裕はなかった。

戦争が終わり、１９５０年になっても就業人口の約半数が農業をしていた。そして日本全体が貧しかった。だから、大多数の女性たちは男性と結婚しても、専業主婦になれる余裕なんてなかった。

その状況が変わったのが、１９６０年代の高度成長により日本が豊かになった後のことである。

この頃、『ＡＬＷＡＹＳ 三丁目の夕日』で描かれたように、日本は今では考えられないような経済成長を遂げた。１９５８年には東京タワーが誕生、１９６４年の東京オリンピックのために新幹線や首都高が整備され、日本は世界有数の経済大国になった。

夏でもスーツにネクタイの「サラリーマン」が一般的になるのもこの頃だ。戦後しばらくは男性たちが仕事の時も、夏はジャケットを着なかったり、ネクタイをしないのは当た

り前だった。「クールビズ」なんて言葉がなくても昔の日本の規範はとっても緩かった。

それがオフィスビルに冷房が整備される中で、夏でもスーツにネクタイというのが、「サラリーマン」の常識になっていく。

そんな「サラリーマン」の台頭と共に、「専業主婦」という生き方を選ぶ女性たちが増えていった。


日本で女性の働いている割合が最も少なかったのは、１９７５年のことである。

だから戦後日本で、外で働いた経験がもっとも少ないのは、団塊世代の女性ということになる。団塊の世代とは、１９４７年から１９４９年に生まれた人たちのことだから、今だいたい60代後半の人々。ビートたけしさんや小倉智昭さん、泉ピン子さん世代である。

ということは、男性は「サラリーマン」として外で働き、女性は「専業主婦」として家事と育児に専念するというモデルには、たかだか数十年の歴史しかないということになる。

というか、それは経済に余裕のある時代にのみ成立する生き方だ。事実、１９９０年には、専業主婦がいる世帯の数は、夫婦共働き世帯の数に追い抜かれている。

「サラリーマン」と「専業主婦」は１９６０年から１９９０年頃の、日本経済が好調だった時代の産物だったのだ。それは日本の伝統でも何でもない。

根拠なき三歳児神話誕生の起源

文部科学省も「合理的な根拠がない」と公式に否定している「三歳児神話」が生まれたのも、ちょうど「専業主婦」が一般的になり始めた時期と一致する。

「三歳児神話」という「３歳までは母親が子どもを育てるべき」という価値観は、１９６１年に始まった三歳児検診がその起源と言われている。

この時の厚生省児童局長が「事情の許す限り、母親は職場から家庭へ本拠を戻してください」という考え方の持ち主だった。日本経済の発展、そして「立派な人間」を育成するために、乳幼児期の家庭教育が重要だと訴えたのだ。

そこでマスコミを巻き込んで、「三歳児」までの教育が大事というキャンペーンを展開させたらしい。

三歳児検診のスタートと共に、ＮＨＫは『三歳児』という母親向け幼児教育番組を制作、書籍化もされ50刷を超えるベストセラーとなった（うらやましい）。新聞などでも三歳児特集が繰り返し組まれ、「三歳児神話」の布教がどんどん進んでいった。

さらに１９７９年には小児科医の久徳重盛さんの『母原病』という本がベストセラーに

なる。この本は、現代の子どもの異常の60%は母親の育児が原因であると断じ、「母親が原因の病気」である「母原病」が流行していると述べた。

乳幼児期の母親が育児方法を間違うと、ぜんそくやアトピー性皮膚炎、不登校、過食・拒食になるというのが同書の主張だ。久徳さんはとにかく何もかもを母親のせいにしたいらしい。

特に久徳さんが大事だと訴えたのは3歳までの教育だ。

「他人まかせの育児をする母親」が増えてきたことに久徳さんは警鈴を鳴らす。3歳までに保育園に預けられた子どもたちは「基本的な人間形成に障害があらわれやすい」というのだ。

『母原病』は続編も出版され、100万部を超えるヒット作になったというが、全体的に根拠がほとんどない「私の経験」本だ。確かに小児科医としての臨床経験はあるのだろうが、本当は久徳さんが、病気の原因を「母親」と断定できるはずがない。

確かに2章で見てきたように、乳幼児教育の重要性は教育経済学者たちも認めるところである。だが、それは何も「母親」だけが担わなくてはいけないものではない。

おそらく久徳さんの病院を訪れたのは、当時の専業主婦率の高さを考えれば「母親」ばかりだったのだろう。

そりゃ、母親ばかりを見ていればほとんどの病気の原因が「母親」に見えてくるのも不思議はない。しかし本当は、病院に子どもを連れても来ない「父親」に原因がある家庭も多かっただろう。

「母性」にすべてを押しつけるな

「三歳までの教育が大切だ」という主張と「それは母親がするべきだ」という主張は、全く別のものだ。

この章で見てきた通り、**「母親だけが子どもを育てる」のは日本の伝統でも何でもない。**むしろ「育てられない子どもを捨てる」という風習のほうが、歴史的には「日本の伝統」と呼ぶのにふさわしい。

また江戸時代には父親が積極的に育児に関わっていたというし、明治時代以降も、「産みの親」と「育ての親」が違うという人は珍しくなかった。

海外を見渡してみても、「母親だけが子どもを育てる」というのは普遍的な現象ではない。フランスはベビーシッターを活用しながら両親で子どもを育てるのが当たり前だし、北欧では父親の育児参加時間も高く、「専業主婦」自体ほぼ存在していない。またアフリカやアジアの貧しい国では、生活をしていくために男女共働きが当たり前だ。

人類は時代や環境に応じて、育児をしてきた。それなのに「母性本能」や「三歳児神話」という言葉で、「母親」だけに「育児」を任せてしまう発想はとても短絡的だ。そしてそれは、父親や社会から子どもを育てる機会を奪ってしまうとも言える。

確かに、「専業主婦」という存在が合理的な時代もあったのだろう。しかし、時代は変わった。今や家事もだいぶ楽になった。

家を守るのはセコムとルンバにでも任せておけばいい。機械にできることに忙殺される必要はない。

3章のポイント

- 「母性」は「本能」ではなく、社会や環境が生み出したもの
- 江戸時代半ばまでは、道に子どもが捨てられている光景が当たり前だった
- 「母性」「母性愛」という言葉が日本で初めて使われたのは大正時代
- 専業主婦は大正時代に生まれ、戦後に普及した新しい生き方
- 「三歳児神話」は1960年代に「創られた」もの

4章　少子化が日本を滅ぼす

ピケティも「本当に極めて恐ろしいことになる」と危惧する日本の少子化。本当は日本の人口が減るのは1970年代からわかっていたことだった。

しかし日本の少子化対策は一向に進まない。

日本政府の本気度が見えない最たる例は、待機児童問題だ。潜在的な待機児童は実に300万人もいるという試算もある。

日本では、これからどんどん労働力が不足していく。しかもコミュニケーション能力のある女性が得意なサービス業、教育・介護産業には人手が足りていない。

そんな中、子どもを産むことで少子化解消にも貢献して、進んで労働力にもなろうとしてくれる女性が、保育園探しに血道を上げるというのは、あまりにも異常な事態だ。

政治家は「票にならないから」少子化対策に熱心になれないという。しかし最近の研究では、「子育て支援」を充実させることが、実は経済成長に貢献することがわかってきた。

この章では、保育園を整備することが、日本にとってどれほど意味があることなのかを見ていこう。

「移民」好きのおじさん

仕事柄、経済界の偉いおじさんたちの勉強会に呼ばれることが多い。そこで気付いたことがある。おじさんたちは本当に少子化に興味がないらしいのだ。

ある偉いおじさんが「日本の課題を解決する」というテーマで、「国家戦略」や「教育」「福祉」などをテーマに持論を述べるのを聞いたことがある。

そこで述べられているのは「首相公選制」や「徴兵制」といったスケールだけは大きいのだけど、具体的にそれで日本の何がよくなるのかわからない提案ばかり。

女性に関しては「育児終了女性の活用」に触れるくらいで、少子高齢化には一切興味がないことが一目瞭然だ。

しかし日本の人口減少と労働力不足は問題と考えているらしく「移民法」の制定を訴えている。これからどんどん労働力が減っていく日本において、移民こそが経済成長の起爆剤になるというのだ。

このように、日本では「人口減少したら移民をいれればいい」という意見が幅をきかせてきた。確かに日本は世界的に見て外国人が少ない国だし、アメリカやヨーロッパのように、移民を積極的に活用してきた国も多い。

だが**ヨーロッパは今、移民という存在をどう扱うかに右往左往**している。

経済が好調な時代は良かったのだが、不況になって元々の国民たちが「移民のせいで自分たちの仕事がなくなった」と騒ぎ始めたのだ。また、文化や言語の違いによる軋轢もあり、移民を社会の一員として招き入れるには、様々なコストがかかることがわかっている。

さらに、「いい移民」が日本に来てくれるかという問題もある。

世界中どこでも働けるようなエリートはニューヨークやロンドン、上海といったより国際化した都市を目指すことが多いだろう。

日本が住みやすい国ランキング上位に入ったというニュースもあったが、英語の通用度、長時間労働の問題を考えると、日本が外国人にとって「働きやすい国」かどうかは微妙だ。また、東アジアの国はどこも経済成長の真っ最中で、日本との経済格差は減りつつある。経済的に貧しい移民が日本に来たところで、彼らは労働者にはなってくれるかも知れないが、リッチな消費者にはなってくれないだろう。さらに、移民も定住すれば、結局彼らにも税金がかかる。

内閣府の試算によれば、日本の労働力人口は２０１３年には６５７７万人だったのが、このままでは２０３０年には５６８３万人になるという。実に８９４万人の減少だ。これを移民だけで補おうと思ったら、毎年50万人以上の移民に来てもらうことになる。

急にそんなことをしたら、社会が大混乱に陥ることは目に見えている。日本に894万人もの移民が住み始めたら、外国人ばかりの街も増えるだろうし、日本語が通じない機会も増えるだろう。移民に賛成するおじさんほど、そんなことになったら怒り出す気がする。「移民だけ」で労働力不足を補うのは、とても無理そうだ。

少子化の何がダメなの?

でも実際のところ、少子化の何が問題なのだろうか。日本は狭い国土に1億3000万人弱が住む人口密度の高い国だ。日本よりも人口密度が低いのに経済的に成功している国は、アメリカや北欧はじめたくさんある。

だったら日本の人口なんて減ってしまってもいいのではないだろうか?

確かにただ全人口が減るのならいいのだが、日本では高齢者の社会保障費を現役世代が負担する仕組みになっている。「若者に頼りすぎ」の社会制度なのだ。

だから、ただの「少子化」ならいいのだが、「高齢化」が同時に進んでいくため、社会保険や年金制度がこのままでは立ちゆかなくなる。

そして経済にも悪影響が出る。これは、おじさんたちも認識している通り、労働力人口が減っていくのだ。これは「稼いでくれる人が減る」ということだから、国の経済規模は小さくなっていく。

同時に、少子化とは「お金を使ってくれる人が減る」ことも意味する。特に結婚して、子どもができた家族はお金を使う。ミドル世代が、生活費、居住費、教育費にお金を使ってくれなくなったら消費は停滞してしまう。

一般に経済成長は、高齢者の数が少なくて、現役世代が多い時代に起こる。日本でいえば、１９６０年から１９９０年までがその時期にあたる。高齢者向けの社会保障にかかる費用が少なく抑えられるのに、豊富な労働力を安価に活用することができるからだ。

経済成長を続けるブラジル、ロシア、インド、中国といった国は、どこも高齢者が少なく、若者が多い。しかし、**どの国でも高齢化が始まると、日本のような不況に苦しむことになる**（もうすぐ中国でも高齢化が始まる）。

会社でも同じだろう。急成長を遂げる会社は普通、高齢者が少なく、若者が多い。一方で、いまいちぱっとしない会社や業界は、どこも高齢者が多く若者が少ない。

少子化の、地域社会への影響も懸念されている。

２０１４年にヒットした『地方消滅』という本では、若い女性が都市部へ流出することによって地方の少子化と人口減少が進み、2040年までに896市区町村が消滅の危機にあるとされた。

もっとも昔から中央の政治家や研究者は「地方消滅」を煽るのが好きだ。たとえば1990年代には「限界集落」論というものがあった。しかし、実際に消滅した村はほとんどなかった。

だけど、どの地方も少子化に苦しんでいることは事実だ。特に秋田県は人口減少率が全国ワースト一位。出生率も低い（ちなみに美容院だけはやたら多い）。このままでは県内ほとんどの街が「消滅」してしまうとされている。

文字通り、**少子化は日本を滅ぼす可能性がある**のだ。

悪いのは「産まない女性」？

本当は、少子化を克服する絶好のタイミングがあった。ちょうどこの過去15年間だ。

実はこの15年というのは、団塊ジュニア世代という、日本で二番目に人口の多い世代が結婚・出産適齢期を迎えていた。何せ、人口が多い世代なのだから、彼らがばんばん子どもを産んでいれば、日本の少子化には一定の歯止めがかかっていた可能性がある。

団塊ジュニア世代とは主に１９７１年から１９７４年の間に生まれた人たちのこと。ちょうど木村拓哉さんや中居正広さんといった、ＳＭＡＰと同年代の人々がここに該当する（しかし考えてみればＳＭＡＰも木村さん以外は結婚をしていない）。

本当は、日本はついこの間まで、第三次ベビーブームが起こっていてもおかしくなかった。人口的にはそれくらいの規模の、結婚・出産予備軍の人たちがいたわけである。「団塊の世代」や「団塊ジュニア世代」に次いで、何らかの世代名がついていただろう。

しかし、実際には出生率は回復せず、日本は少子化を止める最高のタイミングを逃してしまった。

もちろん、これは団塊ジュニアの人々が悪かったわけではない。国や地方自治体が、結婚や出産をしやすい環境を整えなかったことが一番の問題だ。

だけど、こうした少子化の話を、ひとえに「子どもを産まない女性のせい」と考えてしまう人たちがいる。特にＮＨＫの『クローズアップ現代』が「老化する卵子」問題を報道してからは、「女性の無知」が少子化の原因だといった見当違いな批判をする人が増えた。

もちろん、女性が自分の出産可能年齢を知っておくこと自体は大事だが、何かを知っていることと、それが実際にできるかどうかはまるで違うことだ。

事実、宋美玄さんはじめ、産婦人科医の人の出産が必ずしも早いわけではない。宋さんは出産可能年齢のことは大学生の頃から知っていたというが、第一子の出産は35歳になってからだった。

いつでも子どもを安心して産める環境を整えていないにもかかわらず、少子化を「産まない女性」の自己責任にしてしまうのは、とてもズレた考え方だ。

人口減少を望んでいた日本

日本が少子化になり、人口が減るということは、実は1970年代からわかっていたことだった。

というか当時の日本では、少子化よりもむしろ人口増加のほうが深刻な問題だった。1973年にはオイルショックが起こり、世界的にも人口爆発が危惧されていた。

そんな中、日本の偉い人たちも人口増加に焦っていた。このままだとエネルギー不足や食糧不足が起こり、さらには雇用問題が深刻になるのではないかと心配したのだ。

1974年には『人口白書』が発刊され、政治家や研究者などを集めて「日本人口会議」が開催された。

「日本人口会議」では、50年後の2024年には日本人口が「約1億4千万以上に達することは、必定」とされ、いかに日本を人口減少に導くかが専門家たちの間で話し合われた。人口が増えると「人口を減らせ」と言い、人口が減ると「人口を増やせ」と言う。国とはつくづく勝手なものだと感じさせるエピソードだ。

しかも当時の人々は都合よく、合計特殊出生率が2程度で安定してくれることを期待していたらしい。

合計特殊出生率というのは一人の女性が生涯で産む子どもの平均数をあらわす数字だ。これが２・０７よりも高いと人口は増え、この数字を割ると人口が減る。

子どもを産むには一般に、父と母という二人の人間がいるから、**だいたい平均で女性一人に二人の子どもを産んでもらわないと人口は維持できない**という計算だ。

「日本人口会議」では、「子どもは二人まで」とする大会宣言まで採択した。この中国みたいな採択はメディアで大きく取り上げられ、「出生率を下げよう」という意識が定着した。その後めでたく、合計特殊出生率は１９７５年にはあっさり2を下回った。

だが、ここで数字は安定せずに、その後も合計特殊出生率は下がり続けた。

１９８０年には１・９１となり、１９８９年には１・５７、２００５年には１・２６にまで下がった。２０１３年には１・４３にまで回復したが、これは団塊ジュニア世代の駆け込み出産が多かったためと言われている。

「日本人口会議」の夢が叶い、日本は2005年より人口減少社会に突入した。しかも「日本人口会議」が想定するよりもずっと早いスピードだ。

政治家が少子化に本気になれない理由

確かに「日本人口会議」が言うように、人口爆発もコストがかかる。たくさん学校を建てないといけないし、雇用をうまく創出できないと失業者が増える恐れもある。だけど問題は、当時の「日本人口会議」もびっくりしちゃうスピードで人口減少が進んでいることだ。しかも、むかつくのは日本の少子化が、「日本人口会議」に参加したような当時の政治家たちの自業自得とは笑ってられないことだ。

少子高齢化に苦しむのは、他でもない今この国で生きている「僕たち」の世代だからだ。若者たちはこれから増えていくだろう社会保険料や税金に苦しむことになる。いま高齢者の人も安心できない。いつまで年金や社会保障がきちんともらえるかわからない。さらに、少子高齢化は間違いなく経済成長の足かせになる。

そんなことがわかっていながら、なぜ少子化を食い止めることができなかったのだろう。日本で少子化が問題になり始めたのはようやく1990年のことだった。合計特殊出生率が戦後最低の１・５７を記録したのだ。これは一般に「１・５７ショック」と呼ばれている。

当時の新聞も「経済大国の足下の脅威」と騒ぎ、シンクタンクも２０１０年頃には日本の経済成長率は「最悪１％台」に落ち込むとの試算を発表した（実際の日本はこの予想の先を行き、２００８年と２００９年にはマイナス成長を記録している）。

だが「１・５７ショック」の後も、日本の少子化対策は遅々として進まなかった。一応、１９９４年に「エンゼルプラン」、１９９９年には「新エンゼルプラン」、２００１年には「待機児童ゼロ作戦」が策定され、保育所の増設などが進められてきた。

だけど、どれも単発的で、結局は本気の少子化対策ではなかった。現に待機児童問題一つ、ちっとも解決していなかった。

なぜこの国は少子化対策に本気で取り組んでこなかったのだろうか。

ある年配の政治家に聞いたことがある。それは「票にならないからでしょうね」という、元も子もないものだった。

「いくら子どもを増やしても彼らが投票権を持つのは約20年後。20年後のことを本気で考えられる政治家がこの国にどれだけいるでしょう。結局、多くの政治家は次の選挙のこと

しか考えられない人です。しかも若い人はなかなか選挙にも来てくれない。だからどうしても、政治家は選挙に来てくれる高齢者を向いてしまう。それに、少子化は国家としては大問題だと思いますが、すぐに何かの影響が出るわけではない」

この話を聞かせてくれた政治家自身はきちんと「20年後」のことを考えられる人だと思うが、「票にならない」「すぐに影響が出るわけではない」というのは、残念ながら多くの政治家が抱いている実感だろう。

フランスから40年遅れの日本

国が発展すると、どこの国であっても少子化を経験する。

一人の子どもにかかる教育費が高騰したり、避妊に関する知識が浸透することにより、「少なく産んだ子どもを大事に育てる」社会になるのだ。

発展途上国は「多産多死」(たくさん子どもが産まれるが、死亡率も高い)が多く、経済が発展すると多くの国が「少産少死」になっている。確かに現在のアフリカや、昔の日本には子どもが多かった(そしてよく死んでいた)。

この理論は、人口学の世界では「人口転換論」と呼ばれている。

だけど、この法則に従っていたら、子どもはどんどん減っていってしまう。そこでフランスや北欧といった国々は、様々な手を使って少子化対策に乗り出してきた。

よく少子化は「女性が働き始め、家を守らなくなったからだ」と批判するおじさんがいる。実はフランスでも１９７０年代には同じような議論があった。

女性が働くせいで、出生率が低下していると保守派のおじさんが主張、働く女性たちが批判されたのだ。そこでフランス政府は第三子以降の子ども手当を大幅に拡充、女の人に家にいてもらおうとした。

しかしこの出生率向上作戦は、失敗に終わった（「**第三子支援**」**とか言っている日本が、フランスから40年遅れのことをやっているのがわかる**）。

事態が変わったのは１９８１年にミッテラン政権になってからだ。

この政権は、少子化そのものよりも「女性の自立」と「男女平等」が大事だと考えた。

そこで保育園の設立、ベビーシッター費用の支援、子ども手当の第一子までの拡充、出産後も働きやすい環境の整備を熱心に行った。

その後もフランスは、家族が育児と仕事の両立ができるような社会を作ってきた。

さて、フランスはどうなったのだろうか。

一時的に少子化が進んだ時期もあったが（それでも日本よりはだいぶマシだった）、２０１４年には合計特殊出生率が２・０８まで回復した。先進国の中では極めて高い数字だ。ベビーブームといってもいい。

確かにフランスの政策を見ていると、国や社会が全力で「子どものいる家族」を応援してくれているように見える。その一部を紹介しよう。

・まず、労働時間が日本と比べてだいぶ短い
・その上、育児をしている人には、柔軟な働き方が認められている
・質の高い保育園や託児所が充実している（もっとも、公立保育園「クレーシュ」に入るのは都市部では倍率が高い）
・子どもを保育ママやベビーシッターに預ける場合には支援金が出る
・3歳からの保育学校は原則無料（子どもの98%が通っている）
・さらに、学費は基本的に大学までは無料（親は学費を貯金しなくていい）
・新学期の用意をするために毎年出る新学期手当（そんなのも？）
・第三子以降が産まれた場合には引っ越し一時金が出る（すごい！）
・家のリフォームや改築のための助成金なんてものもある（そんなものまで！）

・100人以上の従業員が働いている会社（事業所）では、赤ちゃんに授乳させるための場所を設置しなくてはいけないという決まりまである（日本でも作ればいいのに）

フランスの少子化政策や社会の状況を聞けば聞くほど「そりゃ、子どもも増えるだろう」という気がしてくる。**要するに、子どもが大人になるまで、お金に悩まされることがなく、ストレスなく育児できる環境が整っている**のだ。

こんな国で子育てをしているピケティから見れば、それはそれは日本の状況が異常に見えるだろう。

なぜ若者は結婚しないのか？

フランスと違って、日本では出生率が下がり続けている。

なぜこんなことになってしまったのだろう。

日本ではほとんどの子どもが結婚したカップルから産まれているので、少子化＝未婚化ということになる。

生涯未婚率は1960年には男性1％、女性は2％だった。それが、2010年には男

性が20%、女性が11%まで上昇した。さらに2030年には男性で約30%、女性では23%まで上昇すると予測されている。

誰でも結婚できた時代から、選ばれた人しか結婚できない時代になっているのだ。

しかし国の調査によれば、未婚者の9割は結婚願望を持っているという。それにもかかわらず、なぜ日本人は結婚しなくなってしまったのだろう?

研究者は様々な説を出している。

・経済が落ち込んで昔のように稼げる男性が減ってしまった
・経済的に自立した女性が増えて、結婚に求める基準が上がった
・仕事と育児・家事が両立できる環境が整っていない
・「結婚しなくても充実した生活ができる」と考える人が増えた
・「女は結婚して子どもを産むのが当然」という風潮が消えた

少子化が進む理由は一つではない。おそらく、これらの複合的な要素が絡み合って日本では未婚化=少子化が進んでいるのだろう。

理由が一つでない以上、「これさえすれば少子化が解決する」という特効薬はない。だ

けど、フランスをはじめ、出生率を回復させた国が当たり前にやっているのに、日本では進んでいないことがまだまだたくさんある。

同時に、たとえ結婚をせずとも子どもを育てやすくする環境を作ることも必要だ。**日本は子どもを持つ人に対する暗黙の了解が多すぎる**のである。

お金があってもなくても、パートナーがいてもいなくても、子どもを持ちたいと思う全ての人が子育てをしやすい環境を作るべきだ。「それだと子どもがかわいそう」と言う人がいるかも知れないが、だったら社会で育てる環境を整えてあげればいい。

何度でも繰り返すが、この国は今、未曽有の少子化の中にいるのだ。

僕はとにかく、女性が働きやすく、子どもを産みやすい環境を整えることが大事だと考えている。それは出生率の回復のためでもあるし、この国の労働力を増やすという意味もある。

大事なことなので何度でも言うが、少子化解消に貢献してくれた上、労働力になってくれるお母さんたちが、保育園探しに忙殺されるなんて事態は異常だ（いくら少子化問題を語っていても、この事態が異常だと思わない人を僕は信じられない）。

そんな国で子どもが増えるわけがない。

子育て支援は経済成長につながる！

おじさんたちは「経済成長」に関する話題が好きだ。

実は「子育て支援」は、その経済成長にも効果的だという研究がある。

僕が統計分析に関して一番信頼をしている柴田悠さんという社会学者がいる。社会学者にはいじわるな人が多いが、彼は例外的に超いい人だ。

柴田さんは、日本を含む先進18カ国を対象に、「何をした国が経済成長をしていたのか」を分析した。

その結果わかったのが、保育サービスなどの拡充によって、働く女性が増えた時に、その国は経済成長率が上がるということだ。

柴田さんの試算によると、0・5兆円を保育サービスの拡大に使うと、女性の労働力率（労働力人口に占める女性の割合）は約0・2％上昇する。すると、経済成長率は約0・1％高まる（柴田さんの研究はインターネット上でも公開されている。半信半疑な人は巻末の参考文献から、URLをたどって欲しい）。

なんで子育て支援をすることが経済成長につながるのだろうか？

理屈はこうだ。

きちんとした保育サービスを整備すれば、女性が働いてくれ、労働力人口が増える。

さらに忙しく働く女性はルンバや食洗機を買ったり、家事関連産業の拡大にも貢献する。

また現代には女性向けの仕事が増えているため、女性が働くと企業の生産性も上がる。

要は、女の人に働いてもらうと、いいことずくめなのだ（本当にいい話なので、6章でもう一度とりあげる）。

ちなみに、**女性の労働力率を上げるには、子ども手当を支給するのではなく、保育園を整備したほうが効果的**なこともわかっているという。

「経済成長」が大好きなおじさんたちは、「東京オリンピック」や「リニアモーターカー」といった話題は大好きだ。そのくせ「少子化」や「待機児童」といった話題には、「なんとかします」といいながら、あまり興味がなさそうである。

しかし実は、「**保育園義務教育化**」**は、少子化解消のみならず、日本の経済成長にも貢献する**アイディアだったのだ。

本当もう、一刻も早く実現すればいい気がしてきた。

4章のポイント

・少子化はピケティも心配するくらい日本経済に深刻な打撃をもたらす
・生涯未婚率は2010年で約15%、2030年には25%が生涯独身になる
・「第三子支援」はフランスで40年前に失敗した政策
・全力で子育てがしやすい環境を作った結果、フランスはベビーブームになった
・保育園の拡充など、子育て支援は経済成長につながる

5章　草食男子が日本を滅ぼすというデマ

よく少子化の話をすると、「あなたは結婚しないの？」と聞かれる。

そして決まって「草食男子」の話になる。「最近の若い人はセックスをしないんでしょ」とか「俺らが若い頃はもっとガツガツしていた」というのだ。

しかし、実は統計を見る限り、今の若者のほうが昔の若者よりもセックス経験率が高い。バブル期の雑誌を読んでみると、当時の若者たちがいかにピュアだったかがわかる。今よりも若者がセックスを経験していなかった時代のほうが、今よりも子ども数も多かったし、出生率も高かったのだ。つまり、性欲と少子化はまるで関係がない。コンドームとピルがある時代、セックスと少子化に直接的な関係はない。

この章では、若者とセックスを巡る歴史を振り返りながら、「草食男子が日本を滅ぼす」という誤解を解いていこう。

少子化の原因を、草食男子のせいにしたいおじさんたち

消費増税を決めるための会議に、「若者」として官邸に呼ばれたことがある。僕がおそらく最年少で、中には80歳近い参加者もいた。

僕にしては珍しく、「日本は若年層向けの社会保障が貧弱な国。それが少子化の一因ともなっている。現役世代のための増税というなら数字でもそれを示して欲しい」という比較的まともなことを言った。

その意見を真面目に聞いてくれた人もいたが、会議が終わった後、とある偉いおじさんが僕に近寄ってきた。

「君の話はよくわかるよ。本当にその通りだね」

お、わかってくれたのか。年齢も立場もまるで違うおじさんにも僕の言ったことが少しは通じたのかと嬉しくなった。だがそのおじさんは言葉を次のようにつなげた。

「最近の若い子は性欲も少ないからね。もっと君たちに頑張ってもらわないと。がはは」

ああ、やっぱり通じていなかったらしい。どうやら、この方の中では「少子化」イコール「性欲」の問題としか思えなかったようだ。

確かに「性欲」は「少子化」と少しくらいは関係があるかも知れない。誰もが欲望のままセックスをする社会なら、うっかり子どもを産んでしまう人がいるかも知れない。

しかしいくら「性欲」が旺盛でも、十分な数の保育施設、子育てしながらでも働きやすい職場環境などが整備されないと、なかなか若者たちは子どもを作ろうとしないだろう。

事実、自称性欲が旺盛なおじさんたちが何人もの子どもを作っているかと言えばそうではない。不倫や風俗通いくらいはしても、不倫相手と新しく子どもを産もうという人は少数派だろう。

当たり前の話だが、**人は「性欲」という欲望だけで子どもを産むわけではない**のだ。

だが、そもそも確認しておかないといけないことがある。本当に若者たちの性欲は減退していると言えるのだろうか。確かに「草食男子」という言葉が流行したように、何となく若者たちが性愛の世界から遠ざかっているようなニュースはよく耳にする気もする。

僕も『ワイドナショー』という番組に出たときに、「液体の交換が好きじゃない」と発言して、インターネット上で話題になったことがある。

だけど、若者たちのセックス離れは本当なのだろうか？

独身の30代前半は、4人に1人は童貞・処女

世の中のほとんどの出来事には、統計や調査がある。たとえば趣味で「サザエさん　ジャンケン学」というホームページを運営、ひたすらアニメ『サザエさん』のジャンケン結果を蒐集している人がいる。

もちろんセックスに関する研究もたくさんある。中でも日本性教育協会は１９７４年からおよそ6年ごとに「青少年の性行動全国調査」を続けてきた。

２０１１年に実施された調査によれば、男子大学生のセックス経験率は５３・７％、女子大学生は４６・０％だった。大学生までに約半数の若者は初体験を済ませていることになる。

また国立社会保障・人口問題研究所（国もきちんとこういうことを調べているのだ）が２０１０年に実施した調査によれば、20歳から24歳の未婚男性のうち、セックスの経験がない人は４０・５％だった。

ちなみに30歳から34歳の未婚男性でセックス経験のない割合は２６・１％だった。また、30歳から34歳の未婚女性でセックス経験のない割合は２３・８％だった。要は、30代前半

で独身の男性と女性は、4人に1人は童貞なのだ。

ドラマ化もされヒットした漫画『きょうは会社休みます』の主人公は、処女のまま33歳の誕生日を迎える。

それが人に知られたら「さすがにドン引きだろうな」と気を揉むのだが、実際はそんなことはない。彼女のような30代前半の独身処女は実に4人に1人の割合でいるのだ。

やはり若者のセックス離れが進んでいるのは本当なのだろうか。

しかし統計を見るときの基本は過去と比べることである。日本性教育協会の調査を見てみると、大学生のセックス経験率は確かに2005年と比べれば下がっているのだが、バブルが始まりかけていた1980年代後半のほうが今よりも経験率は低い。

1987年の男子大学生のセックス経験率は46・5%、それより前の1981年では32・6%、1974年にいたってはわずか23・1%だった。昔の若者のほうが、今と比べればはるかにセックスをしていなかったのである。同様に高校生のセックス経験率も昔のほうが低い。

国立社会保障・人口問題研究所の調査も同じような結果を示している。確かに童貞や処女の若者は最近増えている。しかし、バブルだったはずの1990年前後のほうが、今よりも童貞や処女が多くいたというのだ。

このような調査を見る限り、おじさんたちが言う「昔の若者のほうが性欲があった」「昔の若者のほうがセックスをしていた」というのは嘘であることがわかる。

本当に昔の若者はセックスをしていたのか？

しかし、「昔の若者のほうがセックスをしていなかった」というと、おじさんたちには全力で否定されることが多い。「それは統計がおかしい」「国の統計なんて信じられるのか」「絶対俺たちの時代のほうがセックスをしていた」というのである。

確かにデリケートな調査だ。回答時に本当のことを書かない人がいてもおかしくない。だが昔のほうが「セックスをすることが偉い」「初体験は早めに済ませておくべきだ」という価値観が強かったのならば、特に男性において、過去の調査のほうがセックス経験率は高く出たはずだ。

しかし**実際は、現代の若者のほうがセックス経験率が高いという調査結果**が出ている。

僕はこの結果は信頼がおけるものだと思っている。なぜなら、雑誌などを見る限り、昔の若者のほうが明らかにウブで子どもっぽかったことが推測できるからだ。

1980年代に一世を風靡した雑誌に『ホットドッグ・プレス』と『ポパイ』がある。

どちらも若い男の子向けにデートや性についてのイロハを伝授したとされる雑誌だ。この二つの雑誌を例に、当時の男の子たちの性事情を見ていこう。

『ホットドッグ・プレス』は１９７９年の創刊時には、社会派の雑誌だった。

アメリカで嫌煙ムーブメントが起こっていることを紹介し、「命を縮めて、しかも他人に迷惑をかける、この悪しき習慣」と喫煙を断罪。タバコを「水俣の公害」や「日本のゴミ列島」と並べながら論じる。

しかし、そんな雑誌が2年後の１９８１年12月25日号では「ギャル、君と話したい。」という特集を組む。どうやら「女のコ」という鉱脈を見つけたらしい。

誌面では「あのサ、こんなのが流行なんだって知ってた？」と題して、女性下着が紹介されたりしている。下着よりも「見られて、キャー！　見て見て、ドキ!!」というキャプションのほうがよっぽど恥ずかしい。

「ブリッ子ギャル」「ひょうきんギャル」「ブランドギャル」と女性を3パターンに分けてのプレゼント指南ページもあった。

「ブリッ子ギャル」には子ども用の白雪姫スリッパ（１７００円）、「ひょうきんギャル」にはインド産の天然美容品（７６００円）、「ブランドギャル」には中国の刺繡が入った花柄のセーター（９６００円）がおすすめらしい。それ別にブランドじゃないし。

現代の感覚からすると、どれも幼稚で非常に無邪気だ。『ドラえもん』でいうと、のび太レベルのうぶさである。翌年の「女のコに強くなる雑学大辞典」という大特集でも、性懲りもなく「この秋、ミニ・スカートはひざ上10センチ!?」と浮かれている。

この国の若者たちは、たかだか30年前には、ミニ・スカートのブーム一つで大騒ぎできていたらしい。

柏原芳恵さんが表紙の1982年12月25日号の特集は「ギャルと一緒の冬休み」。クリスマスではなくて「冬休み」というのが時代を感じさせる。「彼女好みのオトコになりたい、ボク」と悩みながら「昼間のおデート」プランを練ってみたり、まだ煩悩はかろうじて我慢できていた。

要するに、この頃まで『ホットドッグ・プレス』は「女のコ」こそ扱うようになったが、セックスを全面的に取り上げることができなかったのである。

セックスにどぎまぎしていた昔の若者

だけど徐々に『ホットドッグ・プレス』は調子に乗り始める。1983年1月10日号は「いま、堂々と読むSEX BOOK」がメイン特集だ。

もっとも、どんなすごい内容かと期待していると、まず始まるのが「アメリカの若者たちのセックス・ライフはいま……」。タバコに限らず、やっぱりまずアメリカの話をしたいらしい。そこでは「車や音楽を楽しむのと同じようにセックスを楽しむよ」という、アメリカの「先進的」な若者たちが紹介されている。

そして次のページではキスの仕方。「蝶のように舞い蜂のように刺すキス」「コンバルシブキスにてじらすも大切な快楽テクニックだ」とか、やたら「キスの奥義」を説教される。同時に口の中の雑菌、肝炎や口内ヘルペスの伝染リスクなども指摘して、読者を啓蒙することも忘れない。大事な情報だが、「キスの奥義」を紹介したすぐ後に、キスは「恐い病気の原因になることもある」と警鐘を鳴らすとはすごい。

肝心のセックスに関しては、「セックス予備校」と銘打ち、「バストへの愛撫」とか「フィンガー・テクニック」とか当たり障りのないことが書かれているくらい。当時の若者はこんなのを読んで興奮していたのだろうか。

ちなみに『女医が教える本当に気持ちのいいセックス』で有名な産婦人科医の宋美玄さんに「セックス予備校」の記事を見てもらった。

すると「無茶苦茶」と即答された。女性にとって苦しい挿入体位ばかりで、まったく女性のことを考えていないテクニックばかりだという。

もっとも、宋さんによれば今も男性向け雑誌に載っているセックス記事は嘘だらけだという。とにかく女性を攻めればいいとしか思っておらず、肝心な女性の視点がないがしろにされているというのだ。

純情すぎる昔の若者たち

1980年代前半、雑誌『ポパイ』も同様に「女のコ」特集を組み始める。

1981年2月25日号では「ポパイがはじめて真剣に女のコ特集」が組まれる。だがこれも、非常にトリッキーな内容。「オリーブをもっといいコにしたてる方法」と題して、女の子改造の方法が記されているのだ。

革ジャンを着せたり、料理や写真の撮り方を教えたりして、女の子を自分好みの「いいコにしたてるため」の情報が網羅されている。ポニーテールの結び方とか、電車での女性の座り方とかマニア以外は喜ばなさそうなコンテンツ。当時の雑誌って、ここまでしないと女性のことを扱えなかったのか。

翌年の「'82年、夏クールダウン開始!」(1982年5月25日号)になってようやく、「この夏はクールダウンな男がモテモテになること間違いなし」とモテを意識した誌面構成になっている。

1984年5月25日号の「教えてあげる女のコのホンネ」特集では、もっと直接的に女性たちを口説き落とすためのテクニックが大特集されている。だけど「最後はやはり体の触れ合いってことになります」とか「めくるめく無限の時を共有したい」とか婉曲表現を多用してみたり、セックスに関してはいまだに抵抗がある模様だ。

推奨ラブホテルも一つだけで、その理由が「外観も内装もそれっぽくなくてよし」というもの。堂々と「女のコ」については語れるようになった『ポパイ』だが、まだまだ彼らは純情なままだった。

クリスマスが恋人たちのものになった年

コラムニストの堀井憲一郎さんによれば、「クリスマスが恋人たちのもの」になったのは1983年のことだという。

雑誌『アンアン』（1983年12月23日号）が「クリスマス特集　今夜こそ彼の心をつかまえる！」という特集を打ったのだ。それ以来、若者たちにとって年末のメインイベン

トはお正月ではなくてクリスマスになった。

もっとも戦後初の本格的メンズファッション雑誌『男子専科』を読むと、すでに1954年には「君の部屋で恋人と迎える★二人だけのクリスマス」特集が組まれているが、それは1980年代のバブル的な消費社会とは無縁なものであった。

食事はレストランなどではなく彼の自室。庭の植木でクリスマスツリーを作ろうとしたり、ベニヤ板を活用したデコレーションなど涙ぐましい努力を雑誌では勧めている。ただしもちろん、セックスに関する話題はなし。

『男子専科』よりは洗練されているが、『アンアン』と同じタイミングで組まれた『ホットドッグ・プレス』（1983年12月25日号）の「デートを10倍楽しむ」特集でも、セックスに関する話題はなし。

「湾岸道路は恋のエクスプレス」だとか「冬の海を見ながら、あのコとペンション暮らし」といったしゃれた提案をしている。だけど「ふたりですごすクリスマスのタイムテーブル」というページこそあるものの、セックスが前面に出されることはない。

『ホットドッグ・プレス』がようやく本気を出してくるのは1986年頃のことだ。年末号の「私たち、こう誘われたい！」という特集では、「女のコ」の発情について徹底研究。クリスマスまでに「初SEXへ至る」方法を指南。

「女のコ」の87%が「時々発情することがある」というアンケートを紹介した上で、彼女たちの「シタイ時」を見極めるのがいいという。その上で「最強のヤリチンになるため」の心構えなどが紹介される。つい5年前までは女性と話すだけでどきどきしていた雑誌が、ここまで下品になった。

1987年11月25日号では「クリスマス計画準備開始」を特集。ホテルとレストランは30日前には予約、プレゼントにはティファニーのオープン・ハート（10万円）やピンキー&ダイアンのボディコンスーツ（9万7000円）を推奨。ちょうど日経平均株価は2万円を超えるようになった時期だった。

そして昭和が終わろうとする1988年末、世間の自粛ムードなんて関係なしに『ホットドッグ・プレス』は自己最高の盛り上がりをみせる。12月25日号は「イヴのパートナー獲得10日間作戦」と題して、まだクリスマスを過ごす相手が見つかっていないオトコたちに救いの手を差し伸べようとする。

クリスマス前に「プレ・プレゼント」を送ったり、女のコに電話をしたら、会話をする前にすかさずオルゴールでジングルベルを聞かせたりするのがいいとか、そういううざいことが当時は受けていたらしい。

もちろん、男たちの努力はすべてセックスをするためだ。クリスマスの夜なら彼からホテルに誘われるのが初めてでも69％の女の子がＯＫするという信憑性の乏しいアンケートを根拠に、「イヴの夜は女のコのガードが最高に甘くなる特別の日でもある」と読者を焚きつける。この年末、日経平均はついに3万円を超えた。

バブルと若者たちの性

１９８０年代を代表する雑誌を見る限り、日本の若者たちはバブル景気の狂乱を前にして、ようやく性に目覚めていったことがわかる。80年代前半には「ギャル、君と話したい。」と、女の子と話すきっかけを探すことが雑誌の特集になってしまうくらいだった。

実際、数十年前の日本人にとって、セックスは「重い」ものだったらしい。ＮＨＫ放送文化研究所によれば、１９８３年の段階で男性の40％、女性の実に53％が「婚前交渉」についてどんな場合でも「不可」と答えている。

「婚前交渉」なんて言葉自体もはや死語だが、当時はこんなにも多くの人が「婚前交渉」をあってはならないことと考えていたのだ。

「愛情があれば可」と答えた人は男性29％、女性で22％しかいなかった。かつては「結婚」と「セックス」は不可分に結びついていたものだったのである。そりゃ、『ホットドッグ・

プレス』もセックスを真正面から扱えなかったわけだ。

婚前交渉に関して、「愛情があれば可」が「不可」を超えるのが男性で1993年、女性で1998年のことである。もっとも1980年代でも若い世代では婚前交渉に肯定的な人が多かったが、社会全体はまだまだ封建的な考え方をする人が多数派だった。

その雰囲気が変わったのが、ちょうどバブル期だった。あの『アンアン』が初めてのセックス特集を組むのが1989年のことである。

平成が始まったばかりの4月、「セックスで、きれいになる。」と銘打たれた特集は多くの人に衝撃を与えたという。

それまでも女性向けのエッチな情報雑誌はたくさんあった。しかし、「自分のためにオシャレにきれいにセックスを語ることが斬新だった」と北原みのりさんは述べている。

またこの時期、テレビドラマでもセックスを真正面から扱う作品が増えてきた。岩男壽美子さんの研究によると、性描写がストーリー展開に重要なドラマの割合は1980年にはわずか2%だったのが、1989年には11%、1994年には18%まで増えたという。

もっとも、バブルの狂乱もいつまでも続くわけではなかった。

1989年、1990年とバカみたいにクリスマスを盛り上げた『ホットドッグ・プレス』だが、1991年にはクリスマス特集をやめてしまう。

1992年には特集が復活したが、一昨年までが「バブリーな時代だった」と早くも総括。そんな「パターン化したクリスマス」は飽き飽きというのだ。さらには木村拓哉さんに「2人一緒にいられれば、それだけでイヴは最高」と語らせている。変わり身が早すぎである。

だが、バブル期の狂乱によって育まれた性に寛容なムードはその後も続いていく。ヘアヌードが事実上解禁され、1991年には宮沢りえさんの『サンタフェ』が150万部を超えるベストセラーになった。テレビドラマでも1994年の『人間・失格』などセックスシーンが重要な意味を持つ作品が増えていく。

さらにこの頃には、若者たちの個室化とビデオデッキの普及が進み、性に手軽にアクセスできる環境が整い出した。

1980年代初頭には約20万円もし、普及率も数%だったビデオデッキも、バブル期には普及率が6割を超えた。その強力な牽引力となったのがアダルトビデオとレンタルビデオだと言われている。

こうして、セックスが当たり前にある時代が、ようやくバブルを通じて日本にも訪れたのだ。

なぜおじさんたちは、性に対して勘違いしているのか

だが疑問は残る。なぜおじさんたちは「俺たちの時代のほうがガツガツしていた」と思い込んでいるのだろうか。

「青少年の性行動全国調査」が面白い事実を指摘している。昔の若者のほうが、性経験はなかったが性に対する関心が旺盛だったというのだ。

同調査によれば、「いままでに性的なことに関心を持ったことがありますか」という質問に「はい」と答える年齢が昔よりも遅くなっているというのだ。

１９７４年の調査では15歳男子の約９割が性的関心を持ったことがあると答えていたのに、２０１１年の調査でその数字は約5割にまで落ち込んでいる。

さらに「性」や「セックス」に対するイメージも昔よりも悪くなっているというのだ。男女ともに性と聞いて「楽しくないもの」とイメージする若者が１９９９年以降増えているという。また性に関して友人と会話をする若者の割合も減っている。

しかし実際のセックス経験は最近のほうが高いというのは先ほど紹介した通りである。

要するに、おじさんたちが若い頃は性的関心はあったし、セックスを「楽しいもの」だ

と考えていたが、実際にセックスを経験できた人は少数だった。文字通りセックスに飢えていたために、自分たちの時代のほうがガツガツしていたと思っていた可能性がある。

確かにインターネットもない、ビデオデッキさえもない、性に関する情報も少ないという状況では、今よりも異性にガツガツした興味を抱いていても不思議ではない。

翻って現代は、セックスや女性が随分と身近なものになった。たとえば、昔に比べて異性の友人がいる若者も増えている。1981年に異性の友人がいた男子大学生は約5割しかいなかったのに、2011年では8割近くにまで増加している。

多くの若者にとって「女のコ」はファンタジーではなくなったわけだ。

このように、性が身近になった世界で、かつてのように性にガツガツしたり、『ホットドッグ・プレス』のように無邪気な憧れを持つことが難しくなっているのだろう。

性欲と少子化は関係ない

重要なのは、今よりも若者がセックスをしていなかった時代のほうが、今よりも子どもの数も多かったし、出生率も高かったということである。

1974年には大学生の17%しかセックス経験がなかったが、当時は第二次ベビーブームの真っ最中。一年で約200万人の赤ちゃんが産まれていたし、合計特殊出生率も2を超えていた。

さすがにバブル期にはその頃より子どもの数は減るが、それでも1987年には135万人の子どもが産まれ、合計特殊出生率も1・67だった。当時の未婚の20代の童貞率は36・5％、処女率は59・0％で今よりも高い（2010年は男子32・8％、女子34・7％）。

そして昔よりはセックスをする若者が増えているはずの現代。一年間の出生数は2014年はついに100万人にまで減った。

「草食男子が増えたから子どもが減った」という説明は、まるっきりの嘘だということがわかる。

当たり前だが、セックスを何回もしたところで一生のうちに女性が産める子どもの数は限られているし、コンドームやピルなど様々な避妊法がある時代に性欲と子どもの数が直接的に関係しているわけがない。

僕が知っている夫婦は「そういう気分になれないから」と、体外受精で子どもを産んでいた。不妊治療を受けることは当たり前になりつつある。「セックスをすること」と「子どもを持つこと」はイコールではないのだ。

仮に性欲が少子化に影響していると主張するなら、未成年のセックスが不合理に取り締まられている状況を変えればいい。

青少年育成条例で未成年のセックスをタブー視するくせに、実践的な性教育が行われているわけでもない。ドラマやマンガでは、未成年の妊娠は「望まれない悲劇」としてばかり描かれる。

このように未成年のセックスはさんざん取り締まっておいて、「性欲が減って子どもが減った」と嘆くのは、明らかな矛盾だ。もし本当に性欲が少子化と関係していると信じるなら、教育や政府広報で、「セックスは楽しくていいものですよ」と宣伝したらいい。

5章のポイント

・少子化の原因を、草食男子のせいにしたいおじさんたちがいる
・独身の30代前半、4人に1人は童貞・処女
・昔の若者のほうがセックス経験率は低かった
・バブル時代の若者は、今よりもはるかにピュアでウブだった
・性欲と少子化はまるで関係がない

6章　女性が待望される時代

「年収は本当に妥協しても４００万円以上は欲しい」「結婚するなら正社員」「結婚したら専業主婦になりたい」。結婚相手に求めるものを聞くと、そんな答えをする若い未婚女性がいる。それは一時代前なら決して高望みなんかではなかっただろう。

しかし今や20代男性の平均年収は３４８万円、25%が非正規という時代だ。

一部上場企業に正社員として勤める男性でさえも、給料が昔のように上がっていかないばかりか、急なリストラに遭う可能性もある。さらに、離婚率も3割を越える。

ということは、「結婚して専業主婦」というのは、女性にとって極めてリスキーな生き方ということになる。昭和だったら「安定」の象徴だったものが、現代では逆に「危険」な生き方になっているのだ。

実は今、産業構造の変化によって、「男性」よりも「女性」に得意な職業が増加している。というか、昔ながらの無口の男性にとっては、本当に生きづらい時代になっているのだ。

これからはますます「女性の時代」になっていくだろう。

だが、それは女性が一人勝ちするわけではない。「男性が16時間働き、女性が専業主婦という社会」よりも、「男性も女性も8時間ずつ働き、共に育児や家事をする社会」のほうが、はるかに人間的だと思わないだろうか。

男女が共に働き、家庭を持つ社会は、男女が共に生きやすい社会なのだ。この章では、「男のつらさ」と「女性」が社会をどう変えていくかを見ていこう。

「男」であることの有利さの減少

男性不遇の時代だ。

たとえば中高年男性。仕事だけに打ち込んでいると家族の気持ちは離れていく。だけど目の前にやるべき業務は山積み。しかも気を抜くとすぐに部下からお荷物扱い。

世間では「能力のない中高年男性が会社に守られすぎているのが日本の閉塞感の原因だ」なんて囁かれている。

そこで「誰が日本の経済成長を牽引してきたんだ」なんて開き直ることもできずに、ついつい若者にこびを売ってしまう。「おじさんも大変なんだよ」とか言って。

若年男性も大変だ。正規雇用に就ける割合はどんどん減っている。

うまく大企業に入れたとしても、いつ倒産するかわからない。自分一人さえ養う余裕もないにもかかわらず、女の子の専業主婦志向は復活しつつある。

社会学者の山田昌弘さんの調査によれば7割近くの女性が結婚相手に４００万以上の年収を求めるが、４００万以上の年収の独身男性はわずか25%。「俺についてこいよ」なんて今時の男の子は言いたくても言えない。

男性の大変さを最も象徴するのは、自殺率の高さだ。**男性の自殺率は女性の2倍以上。**２０１４年には、約1万７０００人の男性が自ら命を絶った。特に「男は一家の大黒柱」という規範の残っている中年男性だと、経済問題での自殺が多い。

身の回りでも「男はもうダメだね」「優秀な社員は女性ばかりだ」といった話をよく聞かないだろうか。

その指摘はおそらく正しい。男はもうダメだ。何も女性が生物学的に男性よりも優越しているという話ではない。もちろん男が絶滅して女性だけの時代が来るという話でもない。

今、起こっているのは社会の「女性化」だ。日本全体が「女性化」しているがゆえに、「女性が優秀」であるように見えてしまうのである。

「男性」の職業が減少し、「女性」の職業が増加した2000年代

日本社会が「女性化」していると言われてもピンと来ないかも知れない。順番に説明していこう（という風に論理的に文章を運ぼうとする感じが「男性的」で前時代的かも知れないんだけど）。

まず**産業構造が**「**女性化**」している。この十数年で建設業や製造業など「男性」が得意とされる職業が減少した。一方で介護職などのケア労働といった「女性」の方が就職に有利な職業が増加した。

この傾向は今後も続く。かつてのように無闇にダムや新幹線を建造するような公共事業が難しくなる中で建設業は規模の縮小を余儀なくされる。

また製造業は途上国との価格競争に敗れていく。一方で、前代未聞の高齢化が進む中で医療、福祉分野の雇用はどんどん創出されていくだろう。

さらに、販売業やサービス業など第三次産業の規模は今後も拡大していくだろう。これは、女性にとっては福音だ。

一般的に、コミュニケーション能力や交渉能力は女性のほうが高いからである。

ますます「無口で力強い男性」に適した仕事が減っていく一方で、「社交的な女性」向きの仕事が増えていくのがこれからの日本社会の姿である。

自己否定みたいなことを書いておけば、男性が幅を利かせているのは先がない業界ばっかりだ。

たとえば評論家や批評家と呼ばれる人がたくさんいる「論壇」という世界がある。雑誌でいえば『世界』『中央公論』『文藝春秋』『新潮45』などが当てはまるのだが、いまいちピンと来ない人も多いだろう。書店の地味なところに置いてある紙質の悪い雑誌だ。書き手も読み手も高齢者の論壇界に、女性はほぼいない。特に若い女性の書き手なんてほぼ皆無に等しい。

研究者の世界も同じで、優秀な女性はみんな大学院に来ても修士課程を出たらとっとと会社に入ってしまう。女性比率を見れば、その業界の持続可能性がわかってしまう。

また社会のムードもどんどん「女性的」になっている。ここでいう「女性的」というのは、「もう経済成長だけに邁進なんてしなくていいから、毎日を大切に生きていこう」という発想のことだ。

特に、２００８年のリーマンショックや、２０１１年の東日本大震災がその傾向に拍車をかけた。脱原発運動やエコロジー運動も盛り上がっているが、それらの運動の主要な担い手はずっとフェミニストと呼ばれる人たちだった。

フェミニズムというのは、ただの女性優位の社会を目指す活動ではない。『おひとり様の老後』で有名な社会学者の上野千鶴子さんが「今日のように明日も生きるための思想」と定義するように、フェミニズムは持続可能な社会を構想する思想だ。もはやそれを「フェミニズム」と呼ぶ必要はないが、呼ぶ必要がないくらい「フェミニズム」的発想が社会に浸透したということでもある。

東日本大震災以降は、男性的な経済社会のど真ん中にいるはずの『週刊東洋経済』までが、経済成長に違和感を唱える別冊を発刊している。産業構造のみならず、価値観としても「女性」の時代が訪れつつあるようだ。

「男らしく」いたら適応できない社会

男性的な価値観はもう時代遅れらしい。男たちは一体どうしたらいいのだろうか。

実はどうするも何も、若者たちは徐々に「女性化」する社会に適応しつつある。たとえば僕が若者のことを語る時にいつも例に出す生活満足度調査の数字を見ても、その傾向を確かめることができる。

数十年の変化を追ってみると、**生活満足度は一貫して女性のほうが高い。**たとえば1985年だと20代男性の満足度が59・6%なのに対して、女性では79・7%もあった。

　理由の一つは、女性のほうが将来に対する期待がそもそも低かったことだろう。雇用機会均等法施行前夜、仕事によるキャリアアップが現実的ではなかった女性たちは、「まあこんなものだろう」と早くから自分の人生に折り合いを付けていた。

　それが最近では、男性の生活満足度も上昇してきている。2014年の調査では20代男性が78・0%で、女性は80・1%。ほぼ男女差がなくなりつつある。

　もはや男性であっても、「将来のために今は辛くても頑張る」という発想から距離を置き、身の丈にあった現実を受け入れつつあることの証拠だと思う。

　若い男の子たちが女性化するのは、当然といえば当然だ。

　正社員になれるかわからない。給与が上がるかもわからない。そんな彼らが「男らしく」なるなんて無理に決まっているのだ。

　一般職の募集に男性が集まるという事例も増えている。幹部にはなれないが、転勤もなく長時間労働も強いられない一般職が、男性にとっても魅力的なものになっているのだ。「女子会」ならぬ「男子会」も人気だ。

僕の友達も、平日は普通に会社員をしながら、週末は友人たちとカフェを開いたりしている。『Ｈａｎａｋｏ ＦＯＲ ＭＥＮ』や『Ｍｅｎ's Ｌｅｅ』といった男性向けライフスタイル誌の創刊に象徴されるように、仕事一筋の生き方が本格的に見直されている。

飲食のスタイルも変わった。かつては男の飲み物と言えば、コーラや缶コーヒーなど効率よくカフェインを摂取できるものが一般的だったが、今や「水筒男子」の時代。効率性など、昭和を支配していた男性的な価値観がことごとく時代遅れなものになりつつある。

日本と韓国だけ！　女性が育児に追われて働けない社会

社会は女性化しているのに、制度がそれに追いついていない。現代に適応しているという意味で「優秀」な女性を活かす環境が十分に整っていないのだ。

たとえば今でも日本では女性が出産や育児の期間、休職することが珍しくない。

年齢別の労働力曲線が30代で凹むことから「Ｍ字型曲線」と呼ばれるが、この**「Ｍ字」が残るのは日本と韓国くらい**のものである。

ヨーロッパでは１９７０年代に労働力不足が深刻になってから、出産を挟んでも女性が働き続けるのは当たり前のことになった。

それが日本では今でも「仕事を続けるか、子どもを産むか」の二者択一を迫られる女性が少なくない。特に都市部では待機児童問題が深刻で、近親者の助けがなければ子どもを育てながら仕事なんてできない。

この状況は、あらゆる意味で不幸だ。働く女性自身が大変なのはもちろんだが、この本で繰り返してきたように、それは国家存亡の危機と言っても過言ではない。

女性が子どもを産みにくい社会では少子化が進む。

少子化が進むと、現役人口に対する高齢者人口の割合はますます増えるから、世代間格差は深刻になる。戦争が起こったわけでもないのに、これほど急激に人口が減っていく社会は歴史上ほとんど例がない。

逆にいえば、この状況を変えることができるならば、社会には希望が生まれる。

デンマークの社会学者エスピン＝アンデルセンは、女性の役割の変化こそが、社会に革命をもたらすと言う。

ロジックはこうだ。まず女性が働きやすく、子どもを産みやすい環境を整えれば出生率が上がる。育児休暇や保育施設の拡充などがこれに当たる。出生率が上がれば世代間格差のバランスも改善する。

女性が育児期間中も働けば、その分税収が増える。女性がキャリアを中断しないで働い

てくれれば、その分生涯所得も世帯所得も上昇する。課税基盤が安定する。

さらに、たくさんの子どもを持つ共働き世帯が増えれば、新規産業と雇用が創出される。保育園やベビーシッターはもちろん、託児サービス付きのレストラン、遊園地など「子ども」向けのサービスが多く生まれて、経済も潤う。

要するに、いいことばっかりなのだ。「働く女性が増えると日本の伝統的な家族が崩れる」なんて妄言を吐く人もいるが、このままでは伝統的な家族どころか日本自体が崩壊してしまう。保守派の人ほど少子化を真剣に考えるべきだ。

まあ今まで散々、女性に育児や家事を押しつけてきて、経済がやばくなると今度は「女性が社会を変える」なんて言うのは、ちょっと都合良すぎる気もするけど。

共働きは家庭を営んでいく上でのリスクヘッジ

これからは「女性の時代」だってことを散々説明してきた。でもそれは男性が今より不遇になるという意味ではない。むしろ女性の時代の到来は、多くの男性にとっても生きやすい社会になるはずだ。

男女が共に働くようになれば、男性だけが長時間労働をする必要はなくなる。

世帯単位で考えても、男一人が16時間働くのは大変だが、男女がそれぞれ8時間働くのならば現実的だ。

共働きは家庭を営んでいく上でのリスクヘッジにもなる。どちらか一人が失業しても、もう一人がカバーすることができるからだ。こんな不安定な時代に、たった一人が家族を支えるなんて無理があるに決まってる。

『世界一受けたい授業』でジェンダー論を教えた東京大学教授の瀬地山角（「せち・さんかく」ではなく、「せちやま・かく」）さんは、「将来は専業主婦になりたい」という女子学生に対して、「それは否定しないが、それによって失う生涯賃金が1億も2億もあることを知った上で判断してほしい」と伝えるという。

日本では、子どもが生まれても働き続ける女性の割合が未だに少ないが、実はそれは相当の生涯賃金の損失になっているというのだ。

たとえば年収350万円だとしても、出産後25年間働き続ければ、退職金や年金をあわせて約1億円の収入になる。女性が大卒で、もっと条件のいい会社に勤めていれば、この金額は2億円以上になる可能性がある。

一方で、夫に対して「今よりも2億円多く稼いで」というのは、至難の業だ。「私が内助の功で旦那を支える」という人がいるかも知れないが、夫の生涯賃金を2億上げるのはそれはもう一大プロジェクトだ。

それよりも、自分も働いて男女共働きになれば、世帯の生涯賃金は確実に上がる（もちろん、そのためには男性が育児・家事を積極的に関わるのが必須だ）。結婚して男女がともに働くことは「最大の保険であり、最大の金融商品だ」と瀬地山さんは言うのである。

男性が強がる時代の終わり

同時に瀬地山さんは、「結婚はゴール」という幻想に対しても突っ込みをいれる。

瀬地山さん曰く、結婚を「永久就職」と呼ぶのは、「倒産率3割の会社に入って喜んでいるようなもの」だ。

厚生労働省の調べによると、現在の日本は結婚しても3組に1組が離婚する時代だ。「もし週刊誌などで「倒産確率3割」と噂されている会社に入れて喜ぶ人はいないだろう。互いのリスクヘッジのためにも、やはり男女共働きのほうが合理的」と瀬地山さんはいう。

今まで男性は過剰に下駄を履かされてきたのだろう。

本当は弱くて、卑屈で、頼りない人であっても、強く、たくましく、マッチョであることが求められてきた。それは経済成長期の社会の要請でもあった。国家を背負い、家族を背負い、ねずみ色のスーツに身を包み、一心不乱に生きてきた。

だけど、そんな愚直な生き方を褒めてくれるのも、今では中島みゆきくらいだ。

もう男性が強がる時代は終わりだ。同時に、男性に期待をしすぎる時代も終わりだ。

履かされていた下駄を脱いで、男女共に同じ目線でフラットに世界を眺めてみればいい。

それは意外と楽しい経験かも知れない。

6章のポイント

- 独身男性のうち年収400万円以上はわずか25%
- 「男性」に有利な職業が減少し、「女性」に有利な職業が増加している
- 「女らしさ」を求めるのもセクハラなら、「男らしさ」を求めるのもセクハラ
- 共働きは家庭を営んでいく上でのリスクヘッジ

7章　0歳からの義務教育

この本では、日本の子育てをめぐる状況がいかに異常かを見てきた。

日本は今、少子化で子どもを増やすことと、労働力を確保することが急務なのだ。それなのに出産や育児費用は非常に高額。それどころか待機児童問題さえ一向に解決しない。働く環境はお世辞にも働く人に優しいとは言えない。

社会のあらゆる制度や環境が、全力で少子化を促進しているかのようだ。日本は実質的に「一人っ子政策」をしていたのだ。

そんな状況を解決するアイディアが「保育園義務教育化」だった。

「保育園義務教育化」はただ少子化解消に貢献するというよりも、社会全体の「レベル」を上げることにつながる。良質な乳幼児教育を受けた子どもは、大人になってから収入が高く、犯罪率が低くなることがわかっている。

同時に「保育園義務教育化」は、育児の孤立化を防ぐ。今の日本では、子育ての責任がとにかく「お母さん」にばかり背負わされている。

子どもが電車や飛行機の中で泣くことも、学校で勉強ができないことも、友だちと起こしたトラブルも、何かあると「お母さん」のせいにされる。

だけど、本当は育児はもっと社会全体で担ってもいいもののはずだ。しかも子育て支援に予算を割くことは経済成長にもつながる。いいことずくめなのだ。

最終章では、保育園を義務教育にすると、どんなメリット・デメリットがあるのか、そんなことが本当に実現可能なのかを見ていこう。

保育園義務教育化のメリット

「保育園義務教育化」というのは、文字通り0歳から小学校に入るまでの保育園・幼稚園を無料にした上で、義務教育にしてしまえばいいというアイディアだ。

もしかしたら「義務教育」という言葉に抵抗感を持つ人がいるかも知れない。だけどこの本は「義務教育」をもっと柔軟な概念で捉えている。

たとえば毎日朝から晩まで子どもを預ける人がいてもいいし、週に一度1時間だけ預ける専業主婦のお母さんがいてもいい。

孤独な育児はストレスがたまる。そして相談相手のいない育児はつらい。

週に一度だけでも保育園に行く習慣があれば、保育士さんでもお母さん同士でも、育児のことを話せる相手が見つかる（もちろん、忙しい人や他に友人がいる人は、無理にそこでコミュニティを作る必要はない）。

さらに、現在は高い保育費に悩んでいる人が多い。厚生労働省の調査でも、6割以上の子育て世帯が「幼稚園や保育園にかかる経費」を負担に感じていることがわかっている。

一ヶ月の平均保育料は月2万5000円程度だが、中には月5万円以上をかけている人もいる。これにベビーシッターや病児保育のための費用が加われば、「働いて稼いだお金がすべて育児に消えていく」という人もいるだろう。

「これなら働かずに育児をしよう」と考える人が多くてもおかしくない。**日本は労働力不足といいながら、女性が専業主婦になったほうがいいと思えるような制度をわざわざ構築してきた**のだ。

「義務教育」にはみんなが従う

「保育園義務教育化」ではなく、「保育園無償化」でもいいと思うかも知れない。この本のタイトルを色々な人に相談していた時も「義務というニュアンスはきつすぎる」とアドバイスをくれた人がいた。

だけど**「義務教育」と呼ぶことで、子どもを保育園に預ける時の「後ろめたさ」を感じてしまう人の、抵抗感を軽減できる**と思ったのだ。

国までが根拠がないと認める「三歳児神話」だが、「小さい子を保育園に預けるのはかわいそう」という偏見がまだまだある。

また、ベビーシッターを使うことに理解が得られなかったり、育児を「外注」することに、この国では抵抗感がまだまだ根強い。

一方で日本は「お上」の言うことには比較的従ってしまう国だ。特におじさんにその傾向が強い。

顕著な例が「クールビズ」だ。

少し前まで日本のサラリーマンたちは灼熱の夏でもスーツにネクタイをするのが当たり前だった。それが「クールビズ」という「お上」からの号令によって、夏の日本には男子高校生の制服を着たみたいなおじさんが溢れることになった（褒めてます）。

みんな「国が言うから仕方ない」「上が言うんだから仕方ない」と、堂々と軽装の言い訳ができるようになったのだ。

同じように子どもを小学校や中学校に行かせることに、「贅沢だ」とか「子どもがかわいそう」と言う人はいない。なぜならそれが「義務教育」であり、「行くことが当たり前」

だからだ。

「保育園」も「義務教育」とすれば、「国が言うから仕方なく保育園に行かせている」という言い訳を誰もが堂々と使うことができる。ここは「女性」ではなく、「国」が悪者になるべきだ。

保育園義務教育化は人生の成功者を増やす

「保育園義務教育化」は、子どもにとっても意味があることだ。

2章で見てきたように、教育経済学の分野では、「**子どもの教育は、乳幼児期に一番お金をかけるのがいい**」ということが定説になっている。

アメリカでは様々な実験が行われてきたが、その多くが「良質な保育園に行った子どもは、人生の成功者になる可能性が高い」といった結果を示している。

それは、赤ちゃんに対して数学や英語などの英才教育を施せばいいという話ではない。良質な保育園に通った子どもたちは、そこで「非認知能力」なるものを身につけていたのだ。

「非認知能力」とは、意欲や忍耐力、自制心、想像力といった広い意味で、生きていくために必要な力のことである。

「非認知能力」は人生の成功において非常に重要なのだが、それは小学校に入る前の段階で磨くのが一番いい。たとえば、夏休みの宿題がぎりぎりまでできなかった子どもほど、大人になっても計画性がないことがわかっている。

そして**「非認知能力」は集団の中でこそ磨かれる**ものだという。だから、育児は家でひっそりするよりも、みんなの中でしたほうがいい。

その意味で、「保育園義務教育化」は全国の子どもたちにとって、今すぐにでも実施したほうがいいアイディアなのだ。

実は、ノーベル経済学賞を受賞したヘックマン教授の功績もあり、乳幼児教育の重要性に今、世界中の国々が気付き始めている。

フランスではすでに3歳からの保育園は無料だし、その義務教育化も検討されている。

イギリスや韓国では、義務教育の年齢を5歳にまで引き下げている。

さらにハンガリーでは２０１４年から3歳から16歳までが義務教育となり、国が幼児期の子どもの発達に責任を持つことになった。

保育園義務教育化はコスパがいい

このように、世界各国で乳幼児教育に積極的に取り組んでいるのは、何もただの善意からではない。子どもの時に良質な保育園に入れる人が増えれば、その社会は犯罪者や生活保護受給者が減る。

結果的に、「コスパ」がいいのだ。

これまで国がやる福祉といえば「再配分」が多かった。お金持ちからたくさん税金を取って、貧しい人に生活保護をわたすといったやり方だ。

だがヘックマン教授は「事前分配」の大事さを訴える。日本でも「生活保護」にはバッシングも大きいが、「恵まれない子どもたちの環境を改善しましょう」という考え方に反対できる人は少ないだろう。

特に**格差が広がる社会ほど、「保育園義務教育化」が重要**となる。

日本ではこれまで、多くの子どもたちは「非認知能力」を家庭や地域で身につけてきたのだろう。社会全体に格差が少なく、豊かな時代はそれでよかった。

しかし、これから日本社会ではそうもいかなくなる。犯罪が多くて、みんなが疑心暗鬼のギスギスした社会に住みたい人はいないだろう。だからこそ、良質な保育を誰もが受けられる環境を作ることが必要なのだ。

「保育園義務教育化」は子どもを持つ、持たないに関係なく、社会のために必要なのだ。

日本も認める乳幼児教育の大切さ

実は、日本としても乳幼児教育の重要性は認めている。

2006年には教育基本法が全面改正されたのだが、その「義務教育」の項目で、旧法にあった「9年」（小学校と中学校）という文言を削除したのだ。これは、これから就学時期を今の6歳から引き下げることを見越してのことであるという。

さらに新しい教育基本法では、「幼児期の教育」という項目を新設している。

教育基本法第11条

幼児期の教育は、生涯にわたる人格形成の基礎を培う重要なものであることにかんがみ、国及び地方公共団体は、幼児の健やかな成長に資する良好な環境の整備その他適当な方法によって、その振興に努めなければならない。

要は、子どもの時の教育は非常に大事なんだから、国や地方自治体は全力を尽くさなくてはならないということだ。

また2006年の国会の予算委員会でも安倍晋三首相（一度目のとき）が幼児教育の「将来の無償化」を検討、「教育費負担の軽減に向けて努力」をしていくと述べている。

もっとも、教育基本法が改正されてから10年近く経つのに、一向に待機児童問題さえ解決しそうにない。

少子化なのに待機児童問題が解決しない理由

潜在待機児童が100万人から300万人いるという試算もあるように、この国では今、とにかく保育園が足りない。そんな中で、「保育園義務教育化」というのは妄想に過ぎないのだろうか。

6章に続き、東京大学教授の瀬地山角さんに話を聞いてみた。実は東京大学内には保育所があり、瀬地山さん自身もその経営に関わってきた。

経営者の目線から言うと、大都市で保育園が不足する理由は簡単にわかるという。それは、単純に言えば「もうからない」からだ。

保育園には国の基準を満たす「認可保育所」と「認可外保育所」（「無認可」）の二種類があるが、補助金を多く受け取ることができる「認可保育所」になるための基準が非常に厳しいというのだ。

0歳児の場合、1人当たり3・3㎡の面積を確保し、しかも子ども3人に対して1人の保育士を配置しなくてはならない。調理室も必要だ。それなのに園舎は2階建て以下が原則で（確かに高層保育園とか見たことない）、とにかく場所を食うのだ。

「都市部では土地の値段が高い。しかも空いている土地なんてほとんどない。自治体が無理やり保育園を作ろうとしたら、公園や小学校をつぶすしかない」

瀬地山さんが関わる保育園も、東大が格安で土地を提供しているから経営が成り立っているのだという。

だから、規制を緩和し、市場原理に任せたところで、保育園が増えるなんてことはあり得ないというのだ。

んー、どうやらこれまでの法律やルールでは、保育園をすぐに増やすことは難しそうだ。

保育園をどうやって増やすか？

待機児童問題を民間の力で何とか解決しようとしているのが、普通に話していてもなぜか演説っぽくなってしまう社会起業家の駒崎弘樹さんだ。

駒崎さんはもともと病気の子どもを預かる「病児保育」のＮＰＯを経営していた。駒崎さんたちの活動は、ＴＢＳでドラマ化もされる『３７・５℃の涙』のモデルともなった。

そんな駒崎さんが保育園運営に関わることになったのは２００９年のことだ。

「保育園がなくて会社に戻れません」という悩みを社員から聞き、暑苦しい駒崎さんは、ふつふつとした怒りが湧いてきたという。

21世紀にもなって保育園が足りなくて何事だ、と。

そこで駒崎さんたちは、**小規模保育園（「おうち保育園」）という仕組み**を生み出した。定員は６名から19名、子ども３人に対して保育士１人が基本のアットホームな保育園だ。

かつて保育園は「定員20人以上」というルールがあったが、駒崎さんたちの仕組みを国も認め、２０１５年に改正された法律で「小規模認可保育所」という制度ができた。

厚生労働省の事務次官となった村木厚子さん（無実の罪で逮捕されたあの細い人）の尽

力によるものだという。

　このアイディアを聞いてなるほどと思った。

　保育園といえば、何となく「庭がある二階建ての建物で子どもたちがたくさんいる」という光景を想像してしまうが、普段の保育は「おうち」でしている。だったら、確かに「おうち」にある「保育園」が増えてもいい。

　この小規模保育園は、待機児童問題を確実に解決することが期待されている。

　さらに、「小規模認可保育所」が国にも認められたように、現在の法律自体を変えて、保育園をもっと増やすことはできないだろうか。

　たとえば、「園舎は原則2階建て」というルールを変えたらどうだろう。

「おうち保育園」が認められているのだから、ビルの中に保育園があっても決しておかしくはないだろう。またタワーマンションで子育てをしている人もたくさんいるのだから、「高いから危ない」という発想も前時代的だ。

　さらに、**一定以上の従業員がいる会社（事業所）には、保育園を設置しなくてはならない**というルールを設ける。最近では企業内保育園も増えてきたが、それを福利厚生ではなく一定の義務にしてしまってもいいのではないだろうか。

　また、**ビルを建てる際、保育園をビル内に設置すれば、容積率や建ぺい率などの制限を**

緩めるという決まりを作ればいい。ビルといっても、きちんと自然光が差し込み、十分な広さを確保できるようにする。

そうすれば、開発業者は土地を有効活用できるし、保育園の運営者は実質無料で保育スペースを確保することができる。

「ビルの中では子どもがかわいそう」と訴える人がいるかも知れないが、都心部ではとにかく待機児童問題が深刻だ。理想をいえば全ての保育園に立派な園庭があったほうがいいのだろうか、ゼロか百かの議論をしている余裕は、現在の日本にはないだろう。

都会に暮らす限り、誰もが庭付きの家に住めるわけではない。家庭と保育園の「庭」にこだわりすぎると、都会で育児をすることがそもそも無理ということになってしまう。

僕は、「庭」を大事にする人を否定はしないが、庭のないマンションに住む人も否定したくないし、保育園が足りなくて困っている人がたくさんいるという状況をまず何とかして変えたいと思う。

そのためには、「おうち保育園」という素晴らしい仕組みや、ビルの中の保育園を増やしていくことはとても大事だと思う。

どうしても「園庭」にこだわるなら、銀座三越の「銀座テラス」やＪＲ博多シティの「つばめの杜ひろば」のようなテラスや屋上庭園を、保育園のために活用してもいい。

このように、社会の中に「赤ちゃん」や「子ども」が当たり前に存在するような仕組みを作っていけばいい。そのために試してみる価値のあることは、まだまだある。

もちろん！　保育園の質も大事

もちろん、保育園もただ増やせばいいという話ではない。

ジャーナリストの小林美希さんは、悲惨な保育現場を報告している。窓がなく薄暗い部屋で、おしゃべりに夢中な保育士。破れたジャージの裾を引きずって、言葉遣いも乱暴で、子どものお手本になるとは思えない。園庭がないのに散歩もない。

今、そんな保育園が目立ってきているという。

「保育園義務教育化」を考えるにあたっては、当然、保育園の質も重要だ。2章で見たペリー幼稚園実験やアベセダリアン・プロジェクトなど、子どもたちの成功に寄与したのはあくまでも「質の高い保育」だった。

一言に「保育の質」と言っても、基準は様々だ。「公立保育園は素晴らしいが、私立はちょっと」みたいなことを言う人もいる。

だけど、アメリカの「保育の質」に関する調査では、「保育者と子どもの人数比」が一

定の割合（15ヶ月までは子ども3人に対して保育士1人）を超えると、保育士が十分に子どもの呼びかけに対応できず、子どもの発達にいい影響を与えないことがわかっている。

このように保育士さんの「人数」は、「保育の質」を測る一つの基準となるだろう。

だから「公立保育園」や「認可保育園」が素晴らしくて、「私立保育園」や「認可外保育園」が悪いといった単純な話ではない（これも母乳神話と同じく、神学論争のようになっている）。

そして、「保育の質」を底上げするためには、不幸な事故を防止するための仕組み作りをしていくことが必要だ。

たとえばこれまで、保育園で重大事故が起きたときに、その情報開示を求める法律はなかった。不幸にも事故に巻き込まれた子どもの事故が「個人情報だから明かせない」というめちゃくちゃな論理で隠されそうになったこともあった。

しかし現在、情報開示とデータベース作りが始まっている。これが実現すれば、重大事故の教訓が共有され、保育園全体の質の向上にもつながる。

このように、**情報公開と情報共有によって、「保育の質」を高めていこう**という動きが始まっている。

保育士さんの待遇問題

「保育の質」を考える上では、当然、保育士さんの労働環境を整えることも大事だ。

だが最近では、保育士さんの待遇の悪さが問題になっている。

病院であればたくさんの患者を診ればいいが、保育園では定員が決められている。補助金の金額も決まっているから、どうしても給料が頭打ちになってしまうのだ。

だから保育士を続けている限り、結婚をして子どもを持つことができないなんていう、笑えない笑い話もある。

だけど、これはよく考えなくてもおかしな話だ。

世界中の経済学者たちが、質の高い乳幼児教育の重要性を訴えている。それならば、その**大切な乳幼児期の保育に携わる人には、きちんとした待遇を**社会として提供していく必要があると思う。

実際、最近では保育士不足が深刻になっている。保育士免許を持っている人が足りないというよりも、労働条件の悪さに「潜在保育士」になってしまう人が多いのだ。

東京都の調査によれば、離職を考えている人の理由の一位は「給料が安い」、二位は「仕

事量が多い」だ。実際、正職員の場合一週間に6日以上働いている人が31・2%、一日あたりの勤務時間が9時間以上の人は47・6%もいるという。

保育士の平均月収は約21万円、年収で約310万円だ（残業代やボーナスなどを含む）。全年齢での平均なので、若い先生の給料はもっと低い。小学校の先生の平均年収（693万円）の半分以下だ。

僕の知り合いの保育士さんも手取り13万円程度で、3年間ほとんど昇給なしで、毎日何時間ものサービス残業が課されるという環境で働いていた。結局、彼は保育士を辞めて、現在は別の仕事をしている。

なぜ保育士さんの給料は、小学校の先生や大学の先生よりも低いのか。日本の教育基本法でさえ大切だと認める乳幼児期の教育なのだから、どうして保育士の待遇をよくできないのだろうか。

良質な保育を受ける子どもが増えれば、生活保護受給者も減るし、犯罪率も減る。つまりそれは結局、国の税金の節約になる。そして子育て支援は女性の労働力率を増やすから、経済成長にもつながる。

それほどに**保育士さんは、この国にとって大切な職業**なのだ。

だったら待遇改善のために、税金を使わない手はない。

若者にお金を使わない国

日本は、世界的に見ても若者や子育て世代に、ほとんどお金を使っていない国だ。

OECD諸国と比べると、高齢者向けの社会保障支出は「平均なみ」なのだが、現役世代向けの社会保障支出が「平均より全然下」ということがわかっている。

要するに、高齢者に対する介護や医療にはきちんとお金を出しているのに、この本で散々見てきた通り、子育てや育児に対する国からの支援が本当に少ないということだ。

就学前の子どもには年間約100万円しか支出されていないのに、100歳の高齢者に年間約500万円が支出されているという試算もある。

もちろん、誰もが高齢者になるのだから、安心して老後を迎えられる国を作ることには反対しない。

しかし、高齢者の生活のために若者や現役世代の生活が犠牲にされるのも違うだろう。

そして当然ながら、**現役世代に対する社会保障支出が多い国ほど、出生率が高くなる**ことがわかっている。

2014年の消費増税も、そもそもは「将来世代のために」という理由で行われたもの

だった。しかし実際は、「若者やこれから生まれてくる子ども」のために使われるお金は、ほんの一部だった。

仮に消費税が5%から10%に引き上げられたとして、そのうち出産・子育て休暇支援、女性の再就職支援にいくのはわずか0・3%である。これだけ少子化が話題になり、待機児童問題が深刻だというのにもかかわらず、「わずか0・3%」だ。

増税に見合うだけの安心を与えて欲しい

『ワイドナショー』に出演した時、子どもの数(14歳以下の人口)が34年間減少し続け、過去最低の1617万人になったというニュースが取り上げられた。全人口に子どもの占める割合は41年連続で減少して、わずか12・7%になったという。

このとき、コメンテーターとして同席していたウーマンラッシュアワーの村本大輔さんは、次のような解決策を提案していた。

「僕たちが税金をたくさん払って、結婚している家族にサポートしてあげればいい」というのだ。なぜなら今の日本で子どもを育てるのにはとてもお金がかかるから。事実、彼の相方は子どもがいるため、飲み会を断ったりと節約にいそしんでいるという。

村本さんの発言は正直すべりまくっていたが、この部分だけはなるほどなと思った。

同じように、**「きちんと理由を説明してくれれば税金が上がってもいい」と考える人は多い**。品川庄司の庄司智春さんは、『朝日新聞』の取材を受けて、「増税に見合うだけの安心を僕たちに与えて欲しい」と語っている。

政府は消費増税で得られた財源を年金や医療、介護や子育て支援に充てるといっている。庄司さんはそれを「素直には信じられない」という。

増税に関しても「未来の保障を人質のようにして、消費増税を渋々認めさせる。ちょっと、やり方が荒っぽくはないか」と異議を唱える。

しかし庄司さんは「税金を払いたくないとは、言っていない」という。増税するならば、それで社会がこんな風によくなるということを具体的に示して欲しいと提案する。

「出産した女性が安心して働ける。年をとっても、老後を快適に過ごせる。子どもは、夢に向かって頑張れる。そんな環境を、整えてもらいたい」

そんな社会のためだったら、税金を払うというのだ。おそらく庄司さんの気持ちは、少なくない国民の声を代弁している。

事実、世論調査によれば「今よりもよりよい安心のためなら、より高い税金を払ってもいい」と考えている国民は半数以上いる。

また、税金を「高い」と思うか「安い」と思うかは、「税金がきちんと使われている」という実感と関係していることもわかっている。

だが驚くことに現在の日本では、「共働き世帯」に対しては、税金や社会保障が貧富の格差を拡大させてしまっている。取るべきではない人から税金を取りすぎ、それが必要な人に行き渡っていないのだ。

十分な所得がある独身者は多く税金を払う。一方で、子どもがいる家庭には、育児にほぼお金をかけなくてもいいくらいの環境を提供する。

そんな風に、余裕がある人が、余裕のない人を助けられる社会になるんだったら、税金を払ってもいいと思う人も増えるんじゃないだろうか。

僕たちは優しい社会に生きている

全ての保育園を無償にして、それを義務教育にするなんて、夢物語と思う人がいるかも知れない。だけど、社会は少しずつ、だけど確実に変わってきた。

3章で見たように、昔の日本人は路上に生まれたばかりの赤ちゃんが捨てられていても、何の気にも留めなかったらしい。しかし現代では、捨て子は立派なニュースになる。万が一、捨てられた子どもも、児童養護施設などで手厚く保護されることになっている。僕たちは、まだまだ不十分とはいえ、昔に比べれば、はるかに優しくて、思いやりのある時代を生きている。

これはどうやら、世界的な潮流らしい。テレビをつければ、悲惨な戦争やテロ、凶悪犯罪ばかりが目に付く。それが僕たちの世界を、どんどん悪くしているように思ってしまう。

だけど、これは完全な誤解なのだ。**世界では今どんどん戦争や紛争、テロが減り、かつてないほど「平和な時代」が訪れている。**

文明が生まれる前の部族社会では、毎年人口の0・5%が戦闘で死んでいたという推計がある。要するに、部族間で戦争ばっかり起こり、人が人を殺しまくっていたのだ。今の日本に当てはめれば、実に毎年63万人が戦いで命を落としている計算になる。

そんな時代と比べると、現代日本は信じられないくらい平和な社会だ。

たとえば殺人によって亡くなった人は1955年には2119人もいたが、2014年には357人まで減っている。激減と言っていいだろう。

数が減っているからこそ、一つ一つの殺人事件をニュースやワイドショーが大きく取り上げる。だからこそ僕たちは、世の中が悪くなっていると錯覚してしまう。

実際のこの社会は、どんどん住みやすくなっている。

スマートフォン一台があれば、いつでも友だちとコミュニケーションをとることができる。家の近所のレストランで世界中の料理を食べることができる。格安航空券で世界中を旅することができる。

僕たちの多くは、あのルイ14世もできなかったような豊かな生活を送っているのだ。

社会は変わってきたし、変わっていく

なぜ、待機児童問題は解決されず、「お母さん」は「人間」扱いされず、若者と子どもにお金が使われない国なのだろう。

それは単純に、人々の生き方や価値観が実質的には変わったのに、制度がそれに追いついていないだけだ。ならば、実際の人々に合うように制度を変えていけばいい。

実際、そうやって社会は変わってきた。

こんな風に「社会は変わってきたんですね」という話を、社会学者の上野千鶴子さんに

したら「社会は誰かが変えてきたんです。自然現象みたいに言わないで欲しい」と怒られたことがある。

たとえば、ベビーカーをたたまずに電車に乗ってもいいのかという論争がある。実はこの論争にはとっくに決着が着いている。

国土交通省が２０１４年「ベビーカーは折りたたまずに乗車することができます」という宣言を発表したのだ。そしてベビーカーは、車椅子と同じように、乗車に時間がかかったり、スペースを必要とすることに理解を求めている。

だからあとは、ＪＲなど鉄道会社が「電車はベビーカーでも折りたたまず乗車できます。お子さんのいるお客様に対するご配慮をお願いします」とアナウンスをガンガン流せば、本来は今すぐにでもベビーカー問題は解決されるはずなのだ。

たぶん、ちょっとしたアイディアの積み重ねや、ちょっとした人の行動で、社会は変わっていく。そのうち「ベビーカーで電車に乗れなかった時代なんてあったんですね」と言える日は必ず来る。

そして同じように、「タイキジドーって何ですか」とキョトンとされる日も、必ず来るはずだ。

社会は変わってきたし、変わっていくし、そして変えられる。

あとがき

SEKAI NO OWARIの「プレゼント」という曲に次のような歌詞がある。

「知らない」という言葉の意味
間違えていたんだ
知らない人のこと
いつの間にか「嫌い」と言っていたよ

確かに僕たちは、ただよく「知らない」だけのことを「嫌い」と思い込んでしまうことがある。それが僕にとっては、子どもだった。テレビ番組で子どものことを「嫌い」と発言してしまったこともある。

今思えばそれは、「嫌い」というよりも、自分とは違う「赤ちゃん」や「子ども」という存在に対して、積極的な興味が持てなかったということだった。

「はじめに」でも書いた通り、人間の赤ちゃんよりも、猫のほうがかわいいと思っていた

（今でもちょっと思っている）。

そんな風に「赤ちゃん」や「子ども」を遠いものだと思っていた僕が、この『保育園義務教育化』という本を書くことになったのは、本当に偶然のことだった。

椎名チカさんのまんが『37・5℃の涙』をお風呂で読んでいて、あまりにも子育てをするお母さんの環境が理不尽だと思ったのだ。

「37・5℃」とは、一般的に言われる子どもを保育園や幼稚園に預けられる体温のボーダーライン。子どもがその体温を超えてしまうと、親（多くの場合、お母さん）は仕事中であろうが、保育園まで我が子を迎えに行かないとならない。

そんなときに「病児保育」という制度があることは知っていたし、その先駆けが友人の社会起業家である駒崎弘樹さんだということも知っていた。だけど、『37・5℃の涙』を読んだ時、急に実感を持って「子ども」をめぐる世界の異様さに気付いたのだ。

なぜ労働力不足と少子化の時代に、働きたいと言ってくれているお母さんたちが、ここまで苦労しないといけないのか、と。

そんな時、人狼仲間の編集者、畑中雅美さんから「子ども」をテーマに一冊の本を書かないかと誘いを受けた。もともと少子化問題には興味があったし、どうせ人狼のついでに打ち合わせもできると思い、この本を書くことになった。

結果的に、この本を書くことができて本当によかったと思っている。

「知らない」と思い込んでいた世界、「知らなくてもいい」と決め込んでいた世界は、想像よりも楽しくて、そして奇妙で、興味深いものだった。

アメリカの大規模実験で確かめられた乳幼児教育の大切さ、少子化なのに一向に減らない待機児童問題の原因、「母乳教」の教えに苦しんでいるお母さんたちのこと。

数ヶ月前には知らなかったこと。それは、今では、一人でも多くの人に「知って欲しい」と思うことばかりだ。

そして、ちょうどこの本を書いている間に、妹に赤ちゃんが産まれた。

今、実家で母親の手を借りながら子育てをしている。もともと実家では猫を飼っていて、その猫を中心に家が回っていたと言っても過言ではないくらい、家族中が猫を可愛がっていた。

しかし赤ちゃんがやってきてから、どうやら形勢が逆転してしまったらしい。みんな猫には大して気をかけずに、赤ちゃんばかりを大事にする。それに気付いてしまったらしく、猫もふてくされた顔をしている。

「知らない」と思っていた世界は、どんどん身近なものになった。

本書ほど、色々な人のお世話になってできた本はない。

駒崎弘樹さんはただ暑苦しいのではなく、熱い人なのだということに今さら気がついた。

中室牧子さんがいなければ本書の2章はまるで違うものになっていただろう。

宋美玄さんは、セックス以外のことも詳しいのだと初めて知った。

やはり真面目な話を初めて聞いた島本理生さんから、たくさんの示唆を受けた。

関西人らしく難しい話にもオチをつけてくれた瀬地山角さん。

的確な言葉で「お母さん」をめぐる世界を説明してくれた小脇美里さん。

出版社も違うのに微妙に手助けをしてくれた篠原一朗くん。

気が付けば、ほとんどの本で相談に乗ってもらっている上野千鶴子さん。

そして、いつか仕事をしてみたいと思っていた畑中雅美さんと、この本が作れてよかった。本当に打ち合わせは人狼の合間にしていた。

みんな、ありがとう！


この本は、出版関係者からは「頭がおかしいの？」と心配されるスケジュールの中で作った。通常、書籍は出版の3ヶ月前には原稿ができあがっていて、1ヶ月前にはゲラでの修正を含めて著者の手を完全に離れていることが多い。

しかし本書の場合、出版１ヶ月前の段階でまだ取材をしながら本文を書いていた。通常ではあり得ない進行だ。

だけど最後まで、余裕を持って文章を書くことができた。これも自分に対する根拠なき自信という意味で、幼少期につちかわれた非認知能力なのかも知れない。その意味で、もうおぼろげにしか思い出せない乳幼児期に、僕はきっと幸せな環境にいたのだろう。

幸せな子どもが、この社会に少しでも増えますように。

そして、そのお手伝いが、少しでもこの本でできますように。

おすすめしたい本と、

参考文献

★は特に面白くて、タメになる本

＊＊＊＊＊＊＊＊＊＊1章＊＊＊＊＊＊＊＊＊＊

石井クンツ昌子(2013)
『「育メン」現象の社会学』ミネルヴァ書房
「イクメン現象や父親の育児参加について包括的に論じた一冊」

＊

川崎二三彦(2006)
『児童虐待』岩波新書
「なぜ児童虐待が起きてしまうのかを、現場から丁寧に論じている」

＊

時事通信社(2011)
『父親の育児参加に関する世論調査』
「父親も育児を分担して積極的に参加すべき」と答える人は30.1%」

＊

松田茂樹(2008)
『何が育児を支えるのか』勁草書房
「きちんと「ネットワーク」があれば、お母さんは育児不安に陥らずに済む」

＊

大和礼子ほか編(2008)
『男の育児・女の育児』昭和堂
「専業主婦が陥る育児不安や、父親の役割などがコンパクトにまとまった一冊」

＊

山村賢明(1973)
『日本人と母』東洋館出版社
「日本人にとっての母が、キリスト教でいう聖母のような存在だと説明した」

＊

『乳幼児の"くる病"にご注意!』
NHKニュースおはよう日本
http://www.nhk.or.jp/ohayou/marugoto/2013/10/1017.html
「母乳育児や偏食、日光に当たる機会の少なさが、くる病の原因と指摘」

＊＊＊＊＊＊＊＊＊＊2章＊＊＊＊＊＊＊＊＊＊

★阿部彩(2014)
『子どもの貧困II』岩波新書
「子どもの貧困問題を解決策と共に提示。視点がとても優しい」

＊

池田新介(2012)
『自滅する選択』東洋経済新報社
「夏休みの宿題をいつしたかで、大人になってからの傾向が予測できる」

＊

★ウォルター ミシェル著、柴田 裕之訳(2015)
『マシュマロ・テスト　成功する子、しない子』
早川書房
「行動科学では有名なマシュマロ・テストをわかりやすくまとめた一冊」

苅谷剛彦(2001)
『階層化日本と教育危機』有信堂高文社
「努力できる能力が家庭階層ごとに違うことを示した」

＊

ジェームズ・ヘックマン、広野彩子インタビュー(2014)
『5歳までのしつけや環境が、人生を決める』
日経ビジネスオンライン
http://business.nikkeibp.co.jp/article/interview/20141114/273808/?P=1
「ヘックマン教授が来日した際のインタビュー。とても衝撃的な内容」

＊

★ジェームズ・J・ヘックマン著、古草 秀子訳(2015)
『幼児教育の経済学』東洋経済新報社
「ヘックマン教授待望の邦訳本。彼の主張がコンパクトにまとまっている」

＊

長田安司(2013)
『「便利な」保育園が奪う本当はもっと大切なもの』
幻冬舎ルネッサンス
「著者は保育園園長を経験しながら、3歳未満の保育園利用を否定する」

＊

★中室牧子(2015)
『「学力」の経済学』
ディスカヴァー・トゥエンティワン
「2章で最もお世話になった本。教育経済学が「学力」の正体を解き明かす」

フィリップ・アリエス著、杉山 光信・杉山 恵美子訳(1980)
『〈子供〉の誕生』
みすず書房
「かつて子どもはいなかった？　社会学を勉強する人はみんな読んだ古典」
*
ルイス・フロイス著、柳谷武夫訳(1970)
『日本史4　キリシタン伝来のころ』東洋文庫
「16世紀の日本を、異国からの目線で鮮やかに描く」

＊＊＊＊＊＊＊＊＊4章＊＊＊＊＊＊＊＊＊

鬼頭宏(2011)
『2100年、人口3分の1の日本』
メディアファクトリー新書
「人口学という観点から人口減少と人口増加のメカニズムを説き明かす」
*
北浦修敏(2014)
『世代会計の手法を活用した政府支出の長期推計と財政再建規模の分析』
http://www.iips.org/research/data/discussion-kitaura20140326.pdf
「年齢別の一人当たり政府支出を計算したグラフは一見の価値があり」
*
★柴田悠(2013)
『いま優先すべきは『子育て支援』』
講談社現代ビジネス
http://gendai.ismedia.jp/articles/-/36379
「子育て支援が、おじさんの大好きな経済成長につながることを証明した」
※この原稿のバージョンアップ版は、落合恵美子・橘木俊詔編(2015)
『変革の鍵としてのジェンダー』(ミネルヴァ書房)に収録。
*
★筒井淳也(2015)
『仕事と家族』中公新書
「出生率低下の原因などについてコンパクトに論じた一冊」
*
★中島さおり(2010)
『なぜフランスでは子どもが増えるのか』
講談社現代新書
「フランスで行われている子育て支援、その歴史を丁寧に解説」
*
冨士谷あつ子・伊藤公雄編(2014)
『フランスに学ぶ男女共同の子育てと少子化抑止政策』明石書店
「現地と日本の研究者がフランスの少子化対策を包括的に論じる」
*
増田寛也(2014)
『地方消滅』中公新書
「2014年新書大賞1位(うらやましい)。タイトルからして強烈」
*
松田茂樹(2013)
『少子化論』勁草書房
「未婚化の主要因は雇用の劣化であると主張、様々な少子化対策を提言」

西村和雄ほか(2014)
「基本的モラルと社会的成功」
独立行政法人経済産業研究所
http://www.rieti.go.jp/jp/publications/dp/14j011.pdf
「どんなしつけを受けた子どもが社会的に成功しているのか？」
*
待井和江・福岡貞子編(2015)
『乳児保育〔第9版〕』ミネルヴァ書房
「保育学の定番教科書。1984年に初版が発行され現在は第9版。」
*
文部科学省(2010)
『平成21年度文部科学白書』
「子どもが大学卒業までにかかる教育費を掲載。無料の白書は情報の宝庫」

＊＊＊＊＊＊＊＊＊3章＊＊＊＊＊＊＊＊＊

天野正子ほか編(2009)
『新編日本のフェミニズム5　母性』岩波書店
「小沢牧子さんの論文が3歳児神話の作られた背景を解き明かしてくれる」
*
エリザベート バダンテール著、鈴木 晶訳(1998)
『母性という神話』ちくま学芸文庫
「フランスの事例をもとに「母性」が普遍的でないことを明らかにした古典」
*
太田素子(2000)
『近世の「家」と家族』角川学芸出版
「太田さんは江戸時代を「父親が子どもを育てた時代」と呼んでいる」
*
★大日向雅美(1994)
『母性愛神話の罠』日本評論社
「ママにきちんと寄り添ってくれる本。今年、増補版も出版された」
*
落合恵美子(2004)
『21世紀家族へ〔第3版〕』有斐閣選書
「「家族」に対する常識をひっくり返し、大きな話題となった本」
*
柴田純(2013)
『日本幼児史』吉川弘文館
「捨て子が日常茶飯事だった時代から、子どもを保護する時代への変遷を説明」
*
人間文化研究会編(1984)
『女性と文化〈3〉』JCA出版
「沢山美果子さんの論文が、明治初期には「親」が複数いた意味を説明」
*
久徳重盛(1991)
『母原病』サンマーク文庫
「ほとんどの病気をお母さんのせいにした昔のベストセラー本」

＊＊＊＊＊＊＊＊＊＊5章＊＊＊＊＊＊＊＊＊

岩男壽美子(2000)
『テレビドラマのメッセージ』勁草書房
「性描写がドラマの展開に重要な役割を果たす作品が増えていることを示した」

＊

北原みのり(2011)
『アンアンのセックスできれいになれた？』
朝日新聞出版
「アンアンのセックス特集が与えたインパクトを説明」

＊

国立社会保障・人口問題研究所(2010)
『出生動向基本調査［第十四回］』
「若者たちの性や結婚について数十年調べ続けている国の調査」

＊

★日本性教育協会編(2013)
『「若者の性」白書［第七回］』小学館
「若者たちの性調査の結果と分析。それにしてもなぜ小学館から？」

＊

堀井憲一郎(2006)
『若者殺しの時代』講談社現代新書
「「クリスマスは恋人たちのもの」になったのは1983年のこと」

＊＊＊＊＊＊＊＊＊＊6章＊＊＊＊＊＊＊＊＊

上野千鶴子(2012)
『生き延びるための思想』岩波現代文庫
「フェミニズムの可能性を論じる。学術書でありながら詩的な一冊」

＊

イエスタ・エスピン＝アンデルセン著、大沢真理監訳(2011)
『平等と効率の福祉革命　新しい女性の役割』
岩波書店
「女性が社会進出するのが、いかにいいことだらけなのかを説明」

＊

白河桃子(2014)
『専業主婦になりたい女たち』ポプラ新書
「膨大な取材をもとに、専業主婦がいかに危険な生き方かを教え諭す」

＊

瀧本哲史(2011)
『僕は君たちに武器を配りたい』講談社
「専業主婦はハイリスク、サラリーマンもハイリスク・ローリターン」

＊

瀬地山角(2013)(2014)
『東大教授流！（ほぼ）確実に1億円儲ける方法』
http://toyokeizai.net/articles/-/26885
『専業主婦は、とっても危険な選択肢』
http://toyokeizai.net/articles/-/34526
東洋経済オンライン
「ユーモアたっぷりで示唆に富む、実践的ジェンダー論」

＊

山田昌弘(2007)
『少子社会日本』岩波新書
「婚活という言葉の生みの親が日本の少子化問題を斬る」

＊＊＊＊＊＊＊＊＊＊7章＊＊＊＊＊＊＊＊＊

小林美希(2015)
『ルポ保育崩壊』岩波新書
「数々の悲惨な保育現場を報告。保育崩壊はいかにしたら防げるのか？」

＊

佐藤滋・古市将人(2014)
『租税抵抗の財政学』岩波書店
「実は税金が高くないのに痛税感が強い日本。その理由を解き明かす」

＊

サライ美奈ほか(2014)
『ハンガリーたっぷりあそび就学を見通す保育』
かもがわ出版
「3歳からの義務教育化が実現したハンガリーの保育事情をかわいく紹介」

＊

スティーブン・ピンカー著、幾島幸子・塩原通緒訳(2015)
『暴力の人類史（上・下）』青土社
「現代ほど平和な時代はない！あのビル・ゲイツが感銘を受けた一冊」

＊

瀬地山角(2014)
『保育所は、なぜ需要があるのに増えないのか？』
東洋経済オンライン
http://toyokeizai.net/articles/-/33576
「研究者兼保育所を運営する立場から、待機児童問題を現実的に分析」

＊

全国小規模保育協議会(2015)
『小規模保育白書』
「なぜ都心で保育園が増えないのかを分析、画期的な解決策を提示、実践」

＊

庄司智春・朝日新聞社論説委員
「庄説／Round7／消費増税は何のため？」『朝日新聞』
http://www.asahi.com/special/shosetsu/round07-4.html
「庄司智春さんがニュースと真面目に向き合う連載「庄説」から。面白い」

＊

★マット・リドレー著、大田 直子ほか訳(2013)
『繁栄　明日を切り拓くための人類10万年史』
ハヤカワ・ノンフィクション文庫
「僕たちがかつてないほど幸せな時代に生きていることを証明してくれる」

古市憲寿

1985年東京都生まれ。東京大学大学院総合文化研究科博士課程在籍。
慶應義塾大学SFC研究所上席所員。専攻は社会学。
株式会社ぽえち代表取締役。
朝日新聞信頼回復と再生のための委員会外部委員、
内閣官房「クールジャパン推進委員」メンバーなどを務める。
◇主な著書
『絶望の国の幸福な若者たち』（講談社）2011
『誰も戦争を教えてくれなかった』（講談社）2013
『だから日本はズレている』（新潮社） 2014

保育園義務教育化

2015年7月6日 初版第1刷発行
2019年4月28日 第8刷発行

著者名 古市憲寿
発行人 細川祐司
発行所 株式会社小学館
〒101-8001 東京都千代田区一ツ橋2－3－1
☎（編集）03-3230-5487 （販売）03-5281-3555

印刷所 萩原印刷株式会社
製本所 株式会社若林製本工場

編 集 畑中雅美
制 作 金田玄彦 星 一枝 酒井かをり
宣 伝 阿部慶輔 島村英司
販 売 椎名靖子

ISBN978-4-09-388430-3